Zum Konsens in fünf Schritten

Heinz W. Becker

Zum Konsens in fünf Schritten

Führungskräfte treffen bessere
Entscheidungen durch Diskussion
im Team

2., aktualisierte Auflage

 Springer Gabler

Heinz W. Becker
Hamburg, Deutschland

ISBN 978-3-658-49132-1   ISBN 978-3-658-49133-8 (eBook)
https://doi.org/10.1007/978-3-658-49133-8

Die Deutsche Nationalbibliothek verzeichnet diese Publikation in der Deutschen Nationalbibliografie;
detaillierte bibliografische Daten sind im Internet über https://portal.dnb.de abrufbar.

Springer Gabler ist ein Imprint der eingetragenen Gesellschaft Springer Fachmedien Wiesbaden GmbH
und ist ein Teil von Springer Nature.
Die Anschrift der Gesellschaft ist: Abraham-Lincoln-Str. 46, 65189 Wiesbaden, Germany

Wenn Sie dieses Produkt entsorgen, geben Sie das Papier bitte zum Recycling.

Vorwort

„Geschäftig sind die Menschenkinder
  Die große Zunft von kleinen Meistern,
  Als Mitbegründer, Miterfinder
  Sich diese Welt zurecht zu kleistern.
  Nur leider kann man sich nicht einen,
  Wie man das Ding am besten mache.
  Das Bauen mit belebten Steinen
  Ist eine höchst verzwickte Sache."
  Wilhelm Busch

Konsensbildung ist weit mehr als eine pragmatische Notwendigkeit, um Einigungen zu erzielen. Sie ist der Schlüssel zu echter Geschlossenheit und Teamgeist. Doch wie gelingt es, dass alle an einem Strang ziehen, ohne sich auf faule Kompromisse einzulassen, die niemanden wirklich überzeugen?

Dieses Buch widmet sich genau dieser Herausforderung. Ein Konsens, der auf einer lebendigen Diskussion fußt, schweißt Teams emotional zusammen und verleiht Entscheidungen eine nachhaltige Wirkung. Im Gegensatz dazu bleibt der Kompromiss oft der kleinste gemeinsame Nenner, bei dem alle Seiten nachgeben, aber niemand wirklich zufrieden ist. In der Praxis führt dies nicht selten zu Frust und mangelndem Engagement. Gerade in einer Zeit, die von Starrsinn und verhärteten Fronten geprägt ist, reicht ein Kompromiss nicht aus. Echte Geschlossenheit entsteht erst, wenn sich alle Beteiligten mit einer Entscheidung identifizieren.

Ein echter Konsens kommt meist nicht ohne Opfer zustande. Doch genau das macht ihn so wertvoll. Wer Teil eines solchen Entscheidungsprozesses ist, erlebt die Kraft der Gemeinschaft, weil sich alle gleichermaßen einbringen und Verantwortung übernehmen. Konsens führt nicht nur zu besseren Ergebnissen, sondern auch zu einer tiefen Identifikation mit der getroffenen Entscheidung. Er verleiht dem Einzelnen das Gefühl, Teil eines größeren Ganzen zu sein.

Moderne Organisationen stehen vor der Herausforderung, Komplexität zu bewältigen und interdisziplinäre Teams effektiv zu führen. Unterschiedliche Perspektiven sind eine unverzichtbare Bereicherung, können aber auch zu Spannungen führen. Entscheidend ist, wie diese Vielfalt genutzt wird, um eine Übereinkunft zu besiegeln, die von allen mitgetragen wird. Dieses Buch zeigt, wie man in solchen Dynamiken erfolgreich steuert, um Teams zu echten Leistungsgemeinschaften zu formen.

Die Inhalte dieses Buches basieren auf einer soliden wissenschaftlichen Grundlage. Individualpsychologische, soziologische, biologische und arbeitstechnische Aspekte werden miteinander verknüpft, um ein tiefgehendes Verständnis für erfolgreiche Konsensbildung zu schaffen. Doch Theorie allein reicht nicht aus: Das Buch ist durchzogen von praxisnahen Beispielen und Erfahrungsberichten, die aufzeigen, wie echte Einigung in der realen Arbeitswelt gelingt.

Hamburg, Deutschland   Heinz W. Becker

Prolog

Im Grunde genommen besteht das Leben einer Führungskraft fort-während aus dem Identifizieren von Problemen, dem Kreieren geeigneter Lösungen und deren Umsetzung. Wenn ich auf meine 25-jährige Praxis als Managementberater zurückblicke, dann ging es dabei fast immer um dieses Ziel: die Bildung des „Wir" angesichts unausweichlicher Ver-änderungserfordernisse. Also waren diese Fragen zu beantworten: Wie findet die Mannschaft für die Bewältigung der anstehenden Aufgaben eine gemeinsame Ausrichtung? Und zwar nicht nur in den Worten, son-dern auch und gerade in den Taten. Wie gelingt die neue *gemeinsame Situation*? Wie muss die Führung zugreifen, damit sich alle für *eine* Lösung engagieren und zwar für die beste? Ganz gleich, ob in der old economy oder in der new economy, die Kräfte müssen gebündelt und die Ver-antwortlichkeiten neu definiert werden – möglichst mit ganzem Herzen, damit Aufbruchstimmung entsteht und den Neubeginn beflügelt.

Sportteams demonstrieren immer wieder, wie sehr Erfolge und Miss-erfolge vom Teamgeist abhängen und welche überragende Bedeutung der Integration aller Kräfte zukommt. Gegenseitig stacheln sich die Spieler an und fordern sich alles ab. Beispiellos, mit welcher Inbrunst die itali-enische Fußballmannschaft ihre Nationalhymne herausschreit: „Lasst uns die Reihen schließen. Wir sind bereit zum Tod." Das imponiert.

Scheitern ist möglich, aber nicht wegen eines Mangels an Engagement. Das ist die Magie des Wir-Gefühls, eine atmosphärische Macht: die erfreuliche Seite der menschlichen Lebendigkeit. Gelungenes menschliches Zusammenspiel fördert nicht nur den wirtschaftlichen Erfolg, sondern auch die persönliche Zufriedenheit.

In der Praxis der Arbeitswelt sieht es oft anders aus. Da empfinden die Beteiligten das ganze Gruppenprozedere als lähmend. Da ist die Rede von Frustrationen, Emotionen und Blockaden, von Einzelkämpfern, die sich profilieren wollen, von Konkurrenzkämpfen, die der Sache schaden, von faulen Kompromissen, von Zeitvergeudung, halbherzigen Zustimmungen, von schleppenden Prozessen, die nicht selten einfach versanden. Egoismen, Antipathien, Eitelkeit, Disziplinlosigkeit, Angst und Missmut aller Art spielen ihre destruktive Rolle. Und wie mit den „schwierigen Kandidaten" umgehen, den Dauerrednern, den Schweigsamen, den Starrsinnigen oder Unwilligen? Hier wird zumeist die Ursache allen Übels vermutet, manchmal durchaus zu Recht. Bei all dem handelt es sich um die Schattenseiten der menschlichen Lebendigkeit. Die Kräfte der Lebendigkeit, die *Psychodynamik* des Geschehens hat ihre konstruktiven und ihre destruktiven Seiten.

Mit diesen Kräften umgehen, das muss jede Führungskraft. Mit dem Wissen um die psychodynamischen Aspekte lassen sich viele Probleme in der Arbeitswelt besser verstehen und lösen, sodass Teamgeist entstehen kann.

> **Ich definiere „Teamgeist" mit zwei Kriterieng:**
>
> Alle gehen freudig-aggressiv zu Werke *und*
> alle unterstützen sich gegenseitig.

Dann herrscht Unternehmungslust. Das spüren alle Beteiligten am eigenen Leibe. Die Macht dieser Atmosphäre reißt alle mit. Aber Teams müssen sich erst *zusammen*raufen. Wie initiiert man das? Wie kann man dieses Zusammenraufen in seinem Verlauf so führen, dass am Ende alle an einem Strang ziehen? Eine Führungskraft muss die Psychodynamik dieses Verlaufs verstehen und zu nutzen wissen, um in diesem Spiel der Kräfte zielführend navigieren und steuern zu können.

In diesem Buch geht es fast immer um Situationen der Arbeitswelt. Aber das hier Gesagte lässt sich überall anwenden, wo sich Menschen um gemeinsames Handeln bemühen.

- Wohin fahren wir in den Ferien?
- Mit welcher Strategie spielen wir gegen Bayern München?
- Welches Programm wollen wir im Wahlkampf vertreten?
- Wie kommen wir in der Koalition auf einen gemeinsamen Nenner?
- Was können wir tun, damit unser Kind sich in der Schule verbessert?
- Wie gestalten wir die Geburtstagsfeier?
- Wie können wir unser Zusammenspiel verbessern?

Ausgangspunkt ist stets eine Problemsituation und in deren Folge ein vielstimmiger Chor verschiedenster Ideen, Meinungen und Interessen. Konflikte und widersprüchliche Ziele füllen den Raum. Und dann gilt es, in einer produktiven Kontroverse eine *gemeinsame Absicht* zu definieren, wie das Problem am besten zu lösen ist. Erst dieser diskursive Entscheidungsprozess ermöglicht, den Entscheidungsgegenstand aus verschiedenen Perspektiven zu betrachten, die Vielfalt der Ideen zu nutzen und am Ende einen guten Entschluss zu besiegeln, der von allen mitgetragen wird.

> Der Schlüssel zum Erfolg der westlichen Kultur ist die freie Diskussion mit ihrer kritischen Prüfung aller Ideen, Meinungen und Interessen.

Hier mag der Leser stutzen. Nicht dass in der westlichen Welt alles in Ordnung wäre, aber dies ist gewiss: In weiten Teilen der Welt ringen die Menschen noch um die freie Diskussion nach westlichem Beispiel, oft unter Lebensgefahr. Und auch hierzulande bleibt manche Stellungnahme im Halse stecken – aus Angst vor Repression, Scham oder Shitstorm. Die freie Diskussion zu initiieren, in ihrem Verlauf zu führen und – wenn möglich – mit der Besiegelung eines Konsenses zu schließen, das ist die Essenz dieses Buches.

Wir leben in Zeiten des Abbaus von Hierarchien, der allseits geforderten gleichen Augenhöhe und der „modernen" Führung: Agilität, New Work, VUKA … what's next? Man will Ihnen weismachen, wenn man die Menschen nicht mehr bevormundete, wenn man sie nur ließe, dann würden sie ihr ganzes Potenzial entfalten. Aber lassen wir uns nicht täuschen. Die Biologie lehrt uns: Alle Wirbeltiere bilden Hierarchien. Die Herausbildung einer Hierarchie geschieht durch Rivalität. Damit müssen wir Menschen leben. Das ist unsere Natur. Und das gilt nicht nur in der Arbeitswelt. Auch in der Familie und im Freundeskreis hat, je nach Situation, jemand „die Hosen an" und darf nicht nur an sich denken, sondern muss sich darum sorgen, dass das Gespräch zu einem Ergebnis führt. Die Beobachtung erfolgreicher Einigungsprozesse zeigt immer wieder: Wenn die Diskussion in Gruppen zum Konsens führen soll, geht es – entgegen der landläufigen Meinung – nicht herrschaftsfrei zu. Wer sorgt für Disziplin? Wer fördert das Wohlwollen miteinander? Überlegen Sie doch einmal, in welchen Situationen Ihres Lebens Sie Führung wahrnehmen, auch außerhalb Ihrer beruflichen Funktion. Führung ist als Ordnungsfaktor des Geschehens unverzichtbar. Das muss aber keineswegs Befehl und Gehorsam heißen.

> Elitäre, kooperative und autoritäre Stilelemente sind innerhalb *eines* Prozesses gleichermaßen wichtig. Aber immer zur rechten Zeit und in geeigneter Dosierung.

Wer die Kräfte bündeln will, muss im Team Streitbarkeit in der Sache mit dem Geist gegenseitiger Unterstützung verbinden können. Dabei muss die Führungskraft die zur Debatte stehende Sachproblematik ebenso beherrschen, wie die „Psychodynamik des Beratschlagens". Kein leichtes Unterfangen. Wer hat ein erfolgversprechendes Handlungskonzept?

Wie bereits gesagt, habe ich über viele Jahre Führungskräften und Teams geholfen, Problemsituationen zu überwinden und Veränderungen zustande zu bringen. Mein eigener Lernprozess begann, als in den 70er-Jahren die „antiautoritäre Welle" die westliche Welt umspülte, alles Autoritäre verdammte und in Deutschland die kritische Auseinandersetzung mit der Elterngeneration über die Hitlerzeit aufflammte. Der

Linksterrorismus der Rote Armee Fraktion und der Vietnamkrieg belegten blutig die Unfähigkeit zu gegenseitigem Verständnis.

In dieser Zeit entwickelte der deutsche Philosoph Jürgen Habermas sein Konzept vom *herrschaftsfreien Diskurs:* Menschen könnten sich ohne Führung einig werden, wenn sie die vier Grundsätze seiner Diskurs-Ethik beachten würden. Danach müssten die Diskussionsteilnehmer absolut gleichberechtigt sein, über das gleiche Sprachniveau verfügen, gleich mächtig sein und schließlich unter dem Zwang stehen, dass ausschließlich das richtige Sachargument die Entscheidung bestimmt. (Jürgen Habermas 1981, Band II S.479 ff)

Ich war davon vollkommen überrascht, denn noch nie hatte ich eine menschliche Gruppierung erlebt, die diesen Ansprüchen – auch nur annähernd – entsprochen hätte. Eine solche Konstellation kommt im wirklichen Leben nicht vor. Ungewollt hatte Habermas seinen herrschaftsfreien Diskurs eigenhändig ins Reich der Träume verwiesen. Sein Diskursmodell war eine Kopfgeburt, die die Kräfte der Emotionen einfach ignoriert. Es geht also nicht ohne Führungskraft. Damit stand diese Frage nach wie vor unbeantwortet im Raum: Wie muss Führung vorgehen, damit eine Gruppe von Menschen zu einem gemeinsamen Entschluss findet?

Etwa zeitgleich mit Habermas' Bemühungen schuf Ruth Cohn, eine unter Pädagogen namhafte Psychoanalytikerin, ihr System der *Themenzentrierten Interaktion (TZI),* welches die heutige Pädagogik entscheidend mitprägte. Sie emigrierte 1941 nach New York, wo sie WILL gründete, das *Workshop Institut for Living-Learning,* um sich Ausbildung, Forschung und Praxis der TZI zu widmen. Als sie 1968 nach Europa zurückkehrte, begann ich alsbald eine Ausbildung bei ihr. Ruth Cohn konzentrierte sich nämlich hauptsächlich auf die Aufgaben der Leitungsperson in diskutierenden Gruppen: Wie kann die Leitung eine lebendige Interaktion entfachen und führen – mit Menschen, die nun einmal so sind, wie sie sind, *mit* all ihren Emotionen? Das überzeugte mich und beflügelte meine Neugier, mehr über „das menschliche Zusammenspiel" zu lernen.

Nebenberuflich studierte ich Psychologie und schloss eine Psychotherapie-Ausbildung ab, deren Menschenbild von einem bis dahin weitgehend unbekannten Philosophen geprägt war, dem Ordinarius für

Philosophie an der Christian-Albrechts-*Universität* in *Kiel, Prof. Dr. Herrmann Schmitz.* Über Jahrzehnte von der philosophischen Community kaum beachtet, gründete Hermann Schmitz eine eigene Denkschule, die *Neue Phänomenologie.* Dabei legte er sein Hauptaugenmerk auf jene Kräfte, die sich durch das reine Denken gerade nicht kontrollieren lassen: Gefühle, leibliche Regungen, Atmosphären, Subjektivität, Spielarten des vitalen Antriebs. Er war bemüht, Erfahrungen zur Sprache zu verhelfen, für die uns allzu oft die richtigen Worte fehlen. Er schuf ein anthropologisches System, das heute immer mehr Forscher inspiriert, gerade auch in Medizin und Psychologie. Und dieses System ist hervorragend geeignet, Führungsprobleme in der Arbeitswelt zu verstehen und zu behandeln. Kein Geringerer als der deutsche Philosoph Peter Sloterdijk hält den noch weitgehend unbekannten Hermann Schmitz neben Martin Heidegger für die größten Denker des 20. Jahrhunderts auf deutschem Boden.

Es war ein Glücksfall meines Lebens, diesen Mann, der 2021 verstarb, persönlich kennen zu lernen. Über die Dauer von 35 Jahren hinweg bildeten wir eine Arbeitsgruppe, die sich regelmäßig traf, um im kleinen Kreis von Kolleginnen und Kollegen aus Psychotherapie und Beratung die Problemsituationen notleidender Menschen zu beraten, sie zu verstehen und Lösungswege finden.

Aus diesem Hintergrund schöpfend, konnte ich zur Frage nach der „Psychodynamik des Beratschlagens" eine Antwort erarbeiten. Dabei stieß ich auf eine **Fünf-Schritt-Folge**, die es erlaubte, die psychodynamischen Probleme in der Teamarbeit aufzudecken, zu verstehen und zu lösen. Auf dem Weg vom Problem bis zur fertigen Umsetzung der Lösung dient diese Schrittfolge als Leitfaden. Sie schöpft aus pädagogischen, psychotherapeutischen und phänomenologischen Quellen. Frühe Ansätze dieser Methodik wurden 1994 erstmals von mir im *Harvard Business manager* veröffentlicht. Seither hat sich dieses „Diskursmodell" weiterentwickelt und in der Praxis bewährt. Es ist ein Kursbuch zum Wir.

Die **Fünf-Schritt-Folge** erleichtert der Führung ungemein, in Transformationsprozessen die Orientierung zu behalten und zielgerichtet zu steuern. Das ist deswegen so wertvoll, weil *jeder* Schritt der Führungskraft *andere* Führungsstile abverlangt. Angesichts der Vielfalt dieser Erfordernisse ist die Schrittfolge eine große Erleichterung, denn sie hilft der

Führungskraft, sich auf das jeweilige Teilziel zu konzentrieren und die Komplexität des Gesamtgeschehens vorübergehend auszublenden. So hat sie es leichter, nicht zum Opfer der Psychodynamik zu werden, sondern – im Gegenteil – deren Dreh- und Angelpunkt zu besetzen. Sie ist der unverzichtbare Ordnungsfaktor in selbststeuernden und interdisziplinären Teams.

Im nun folgenden Kapitel werde ich einen Beratungsfall schildern, in dem die Krise eines Teams überwunden wurde. Diese Schilderung stellt die Fünf-Schritt-Folge in ihrem Gesamtverlauf dar. Die dann folgenden Kapitel untersuchen jeden Schritt des Prozesses tiefer und helfen, die auftauchenden Psychodynamiken zu verstehen und damit fertig zu werden.

Das Schlusskapitel widmet sich schließlich den „schwierigen Mitmenschen" und nimmt Stellung zu den Fragen nach Rivalität und Hierarchie.

Literatur

Habermas, Jürgen: Theorie des kommunikativen Handelns, Berlin 1981

Inhaltsverzeichnis

Über den Autor

Heinz W. Becker lebt als Managementberater in Hamburg. Er studierte Elektrotechnik und Psychologie und machte sich nach einer Karriere in Marketing und Vertrieb von Investitionsgütern selbstständig mit der Idee, Vertriebsingenieure zu schulen. Berufsbegleitend schloss er eine Psychotherapie-Ausbildung ab. Zehn Jahre lang arbeitete er parallel auch als Psychotherapeut in freier Praxis und als Lehrtherapeut, während er gleichzeitig für namhafte Unternehmen seine Expertise auf das Feld des Managements übertrug.

Seit den 1990er-Jahren konzentriert er sich ausschließlich auf die Beratung von Führungskräften bei der Überwindung von Krisen- und Umbruchsituationen. Die in dieser Praxis gesammelten Erfahrungen und die gründliche Beschäftigung mit der phänomenologischen Philosophie führten zu zahlreichen Veröffentlichungen. Seine Themen sind vor allem Macht, Krisenverarbeitung und die Bildung von Konsens. Die Phänomenologie bildet die wissenschaftliche Grundlage seiner Arbeit. Er ist Lehrbeauftragter an der Hochschule für Wirtschaft und Umwelt in Nürtingen.

Bei Fragen, Anregungen oder für Feedback wenden Sie sich gerne direkt an den Autor unter hwbecker@hueffer.org

In der Schlangengrube

Die Bewältigung einer Krise des Teams

Gottfried Sellingstroh. Der junge Mann galt als Hoffnungsträger. Ende 30, promoviert, gepflegte Umgangsformen, freundlich zu den Menschen und klar in seinen Worten, ehrgeizig, aber ohne jeden Anflug von Überheblichkeit. Vor acht Jahren kam er mit solider Erfahrung im Online-Marketing in dieses süddeutsche Elektronik-Unternehmen. In zwei Funktionen hatte er sich bereits bestens bewährt. Sein Mentor war der Vorstandsvorsitzende höchstselbst. Nun sollte er die gesamte Logistik übernehmen. Der Erfolg war Herrn Sellingstroh auf die Stirn geschrieben. Aber es sollte erst einmal ganz anders kommen.

Denn die Aufgabe war heikel. Der Logistikbereich mit 120 Mitarbeitern hatte in nur fünf Jahren vier Direktoren verschlissen. Alle waren gescheitert. Es herrschte ein Klima gnadenlosen Ehrgeizes. Jeder wollte der Beste sein, gern auch auf Kosten der anderen. Die miserable Organisation der Prozesse schürte das Gegeneinander zusätzlich. Alle Ellenbogen waren ausgefahren. Herr Sellingstroh erfuhr, dass fünfen seiner elf Abteilungsleiter sein Posten in Aussicht gestellt war. Fünfen! Wie war das möglich? Und nun die Besetzung von außen. Und dann noch mit einem Mann aus dem Vertrieb? Einem Herrn Doktor, aber ohne jede Logistikerfahrung? Unmöglich. Neid schlug ihm zur Begrüßung entgegen.

© Der/die Autor(en), exklusiv lizenziert an Springer Fachmedien Wiesbaden GmbH, ein Teil von Springer Nature 2025
H. W. Becker, *Zum Konsens in fünf Schritten*,
https://doi.org/10.1007/978-3-658-49133-8_1

Es dauerte nicht lange, bis Herr Sellingstroh die Intrigen bemerkte: Hinter seinem Rücken verbreiteten sich Unwahrheiten. Er nehme Geschenke von Lieferanten an. Er missbrauche Dienstreisen zu Lustzwecken. Spott mit seinem Namen kam ihm zu Ohren: „Dumm wie Dr. Bohnenstroh." Mitarbeiter verschwiegen ihm wichtige Informationen, sodass er immer wieder im Dunkeln tappte. Konflikte zwischen den Abteilungen zu schlichten, daran war unter diesen Umständen nicht zu denken. Schon gar nicht an eine Verbesserung der Organisation. Seine Teammitglieder pflegten die internen Verhärtungen geradezu, um ihm seine Hilflosigkeit vor Augen zu führen. Kein Zweifel, man wollte ihm Böses. Jedes Wort, jede seiner Gesten, jeder Händedruck wurde interpretiert, gedeutet und missdeutet. Alle seine Bemühungen, an das Team anzukoppeln, stießen auf Widerstand.

Das alles sprach sich natürlich herum, und der Vorstand stellte schon Überlegungen an, ihn wieder aus dem Amt zu nehmen. Nach einem halben Jahr fühlte sich Herr Sellingstroh von der eigenen Mannschaft abgelehnt und wundgerieben. Den Zustand seines Teams empfand er als zerrüttet. Und er selbst steckte in der tiefsten Krise seines Lebens.

Immerhin entdeckte er gravierende organisatorische und prozessuale Mängel des Bereichs. In den letzten zehn Jahren war das Unternehmen rasant gewachsen. Den ebenso gewachsenen Logistikproblemen konnte der Bereich von Herrn Sellingstroh längst nicht mehr begegnen. Statt die Organisation grundsätzlich den Erfordernissen anzupassen, hatten seine Vorgänger nur Flickwerk betrieben. Mit Improvisationen hatten sie versucht, das Tagesgeschäft mehr schlecht als recht zu bewältigen. Das hatte zu einem verwirrenden Durcheinander von Zuständigkeiten geführt. Die Organisation der Hauptabteilung litt unter ihren zahlreichen Überschneidungen und machte es damit schier unmöglich, alle Aktionen aufeinander abzustimmen.

Die Verantwortlichkeiten des gesamten Bereichs bedurften, so sah es Herr Sellingstroh, einer grundsätzlichen Neuordnung. Er entwickelte eigene Vorstellungen von der Organisation und den Prozessen. Wollte er diese Ideen umsetzen, dann bräuchte er dafür weniger Abteilungsleiter und einige Teamleiter müssten sich bisherigen Kollegen unterordnen. „Um Gottes willen! Machen die das mit? Und wenn das überhaupt gelänge, wann wäre der richtige Zeitpunkt dafür? Und wie kann ich mit einer solch tiefgreifenden Veränderung durchkommen, wenn alle gegen mich sind?" Solche Gedanken quälten Herrn Sellingstroh.

Klar doch, dieses heiße Eisen anzupacken, wäre die richtige Antwort auf den Kostendruck, der sowieso schon auf ihm lastete. „Aber habe ich dafür noch den Vorstand hinter mir? Ich stehe doch auf Messers Schneide." Wie sollte er angesichts der Zerrüttungen in seinem Bereich Handlungsfähigkeit erlangen? Die Angst saß ihm im Nacken. Jeden Abend nahm er neue Sorgen mit nach Haus, wo seine Frau auf ihn wartete, hochschwanger mit dem dritten Kind. Als sie ihm sagte, es beginne zu ziehen und dafür sei es eigentlich noch viel zu früh, läuteten bei ihm alle Alarmglocken.

Und dann – seine Gegenspieler hätten die Dramaturgie nicht besser arrangieren können – entdeckte jemand in seinem Postfach eine Spam-Mail mit fragwürdigem Inhalt. Es ging dabei um einen scheinbar geschenkten Segeltörn im Mittelmeer, einen „Hauptgewinn". Und dieser „Jemand" schwärzte ihn beim Vorstand an. „Kommen Sie morgen um 11.00 Uhr zu mir, es geht um eine ernste Angelegenheit. Auch der Produktionsvorstand wird dabei sein", sagte der Personalvorstand. Kein weiterer Hinweis, worum es sich handeln würde. Schweiß lief Herrn Sellingstroh den Rücken herunter. Er wähnte sich am Ende. Wieder eine schlaflose Nacht. Innerlich völlig aufgewühlt, äußerlich scheinbar gefasst, traf er am nächsten Tag die beiden Vorstände. Er konnte kaum glauben, was man ihm da vorhielt. Es fiel ihm leicht, die Vorwürfe zu entkräften, aber nach langer Zeit gab es für ihn auch einen Lichtblick: Dem Gespräch konnte er entnehmen, dass sein Vorgesetzter immer noch zu ihm hielt. Noch. Höchste Zeit, eine erfolgreiche Unternehmung abzuliefern.

Aber wie? Herr Sellingstroh hatte keinen Plan. Vor allem, was wäre der erste Schritt? Er stand da, wie ein Ochs vorm Berg. Er saß in der Tinte. Alle waren gegen ihn. Nur sein Chef stand noch auf seiner Seite. Ideen für eine Verbesserung von Organisation und Prozesse lagen bereit. Er war entschlossen, mit der Umsetzung dieser Ideen einen Befreiungsschlag zu wagen. Wenn schon untergehen, dann mit aufrechtem Gang und fliegenden Fahnen: „Ich bin bereit zu verlieren, aber verschenkt wird nichts." Sein Vorgesetzter riet ihm, das Projekt mit einem Berater durchzusprechen.

Da kam ihm ein weiterer Umstand zu Hilfe: Das jährliche Führungs-feedback stand an. Natürlich erwartete er davon nichts Gutes, aber er wurde überrascht. Hauptsächlich richteten seine Abteilungsleiter den Wunsch an ihn, er möge sie stärker an den Entscheidungen des Bereichs beteiligen. Das sollten sie bekommen. Aber das hatten sie sich ganz anders vorgestellt.

Auf der Suche nach einem Coach stieß Herr Sellingstroh auf meine Person. Zu Beginn unserer Zusammenarbeit schilderte er seine Situation. Daraufhin erhielt er von mir die Anregung, die Reorganisation gemeinsam mit seinen Teamleitern in einem Workshop zu konzipieren. Er solle die Ziele, die er erreichen wolle, genau vorgeben und seine Abteilungsleiter auffordern, Vorschläge zu erarbeiten, wie diese Ziele zu erreichen seien. Die Vorschläge sollten die Organisationsstruktur ebenso betreffen wie die Prozesse. Sodann solle er sich in einer offenen Diskussion gemeinsam mit seinen Teamleitern für die beste Lösung entscheiden.

Herr Sellingstroh war überrascht. Er hatte schon manche Reorganisation miterlebt und vieles darüber gelesen. Stets ging es von oben nach unten per Ansage vom Chef. „Die Idee ist einfach und sie fasziniert, aber so hat das ja noch niemand gemacht", entfuhr es ihm. „Dann sind Sie der erste, der das so macht", bekam er von mir zur Antwort. „Ich erkläre meine Mitarbeiter für so mündig, dass ich sie mitsteuern lasse." Das heißt, nicht ganz: „Die Ziele geben *Sie* vor. Allerdings müssen sie plausibel sein und unmittelbar einleuchten. Sonst ernten Sie Widerspruch."

So ging es an die Vorbereitung der Themensetzung. Die Ziele des Workshops mussten so konkret und geschickt formuliert werden, dass jeder, der nicht mitmacht, sich von selbst disqualifiziert. Für Herrn Sellingstroh war dies eine ganz neue Art, Struktur und Prozesse zu verändern. Seine Themensetzung formulierte er so:

Wie verändern wir unsere Aufbauorganisation und unsere Prozesse, um diese Ziele zu erreichen?

- Unsere Organisation soll ein Spiegelbild eindeutiger Verantwortlichkeiten sein.
- Unsere Organisation vermeidet Überschneidungen, wo immer es geht.
- Unsere Organisation und unsere Prozesse arbeiten am Ende schneller.

> Alle Teamleiter entwickeln Vorschläge für eine neue Organisationsstruktur (personenunabhängig) und verbesserte Prozesse. Hierfür stehen Ihnen 14 Tage Zeit zur Verfügung. Auf einem ganztägigen Workshop am 7. März stellt jeder Teamleiter seine Vorschläge vor. Bitte entwerfen Sie keine aufwendigen Präsentationen. Ein Flipchart steht zur Verfügung. Sie können auch mehrere Lösungen präsentieren. Ihre Vorschläge müssen auch nicht vollständig zu Ende gedacht sein. Sie sollen als Grundlage für unsere Diskussion dienen. Es gibt keine Tabus. Alle Ideen sind willkommen. In einer Diskussion werden wir die beste Lösung ermitteln.
>
> Eine Bitte: Entwickeln Sie Ihre Vorschläge separat, ohne sie vorher untereinander abzustimmen. Auf dem Workshop brauchen wir die ganze Bandbreite unserer Ideen.

In einer Teamsitzung, drei Wochen vor dem 7. März, kündigte Herr Sellingstroh diesen Workshop an. Das schriftliche Briefing folgte wenige Tage später.

Die Diskussion auf dem Workshop wurde turbulent. Insgeheim wussten alle, was auf dem Spiel stand. Hinter jedem Sachargument steckte eine persönliche Interessenlage. Jede Aussage wurde vehement umkämpft. Raffinierte Winkelzüge der Akteure vernebelten den Durchblick. In diesem Team hatte man sich nie gegenseitig unterstützt. Nun jedoch wurden sogar ganz alte Rechnungen wieder aufgemacht. Aber Herr Sellingstroh behielt die Oberhand. Inhaltlich beteiligte er sich kaum. Stattdessen verschaffte er jedem Teamleiter Raum und Gehör und förderte die Ordnung der Gedanken, indem er alle Argumente dokumentierte.

> Bei diesem oft chaotischen Gedankenaustausch fügten sich die subjektiven Sichtweisen aller zu einem Überblick zusammen, den so vorher niemand hatte.

Im Verlauf der Debatte schälten sich zwei Alternativen heraus:

1. Alles bleibt so, wie es ist. Keine Organisation ist gänzlich ohne Probleme, aber für unsere Aufgaben sind wir ideal aufgestellt. Überschneidungen reduzieren wir durch genauere Definition der Verantwortlichkeiten an den Schnittstellen und mehr Disziplin.

2. Wir organisieren uns ausschließlich nach den Verantwortlichkeiten. Die Aktivitäten an den Standorten und die Sonderlager werden eingegliedert. Der Versand erhält eine zentrale Führung.

Die Summe der Ideen und Argumente sprach so eindeutig für die zweite Alternative, dass am Ende den Teamleitern jedes weitere Wort im Halse stecken blieb. In der Hitze des Gefechts hatten sie dieses Ergebnis nicht kommen sehen. Völlig überraschend verstummte die Runde ganz plötzlich und in die Stille dieses denkwürdigen Augenblicks hinein sagte ein Teamleiter: *„Vor dem Workshop war ich davon überzeugt, dass unsere bisherige Organisation die beste ist. Aber im Laufe des Tages hat sich für mich herausgestellt: Die zweite Lösung ist eindeutig besser."* Dieser Einsicht konnte sich niemand verschließen. Es gab keine Widerrede. Die Entscheidung stand.

Das einzige Problem dabei war: Vier Kollegen mussten sich organisatorisch zwei anderen unterordnen. Wer würde das sein? Aber die Diskussion sollte doch personenunabhängig geführt werden …

Nachdem die Würfel gefallen waren, dankte Herr Sellingstroh seinem Team. „Diese Lösung ist besser als das, was ich mir ausgedacht hatte. Bravo. So machen wir's. Bis morgen entscheide ich über die personelle Besetzung." Vorsichtiger Stolz und ein in diesem Kreis bisher unbekanntes Gefühl des „Wir" breiteten sich aus, als sich alle zum abschließenden Abendessen zusammenfanden. So hatte Herr Sellingstroh sich im Kreis seines Teams noch nie gefühlt. Die Stimmung war wie ausgewechselt. Er konnte es kaum glauben: plötzlich heile Welt?

Schon am nächsten Vormittag benannte Herr Sellingstroh seine Key-Player. Die vier Kandidaten, die sich unterordnen mussten, waren natürlich enttäuscht. Aber wenn sie zu sich ehrlich waren, wussten sie, dass es so richtig war. Und das Team begann, die Umsetzung zu planen. Unglaublich, aber nun ging alles Zug um Zug.

Ein Jahr später. Gottfried Sellingstroh: „Seit zwei Monaten ist auch der Umzug geschafft. Alle sitzen jetzt auch räumlich richtig zusammen. Die detaillierte Umsetzung der neuen Prozesse hat noch viel Arbeit gemacht. Aber unser Ergebnis aus dem vergangenen Jahr kann sich sehen lassen. Wir sind schlanker und schneller geworden. Die vier Teamleiter, die sich unterordnen mussten, sind dabeigeblieben. Wir haben jetzt ein gutes

Klima miteinander. In der neuen Struktur gibt es deutlich weniger Konflikte." Und weiter: „Für mich war diese Reorganisation die prägendste Erfahrung in meiner bisherigen beruflichen Laufbahn. Nicht nur, dass ich Erfolg hatte, sondern auch, dass ich es mit den vorhandenen Menschen geschafft habe und vor allem: mit denen, die gegen mich waren."

Rückwirkend betrachtet, war alles höchst einfach. Herr Sellingstroh musste nichts Neues lernen, denn über alle erforderlichen Fähigkeiten verfügte er bereits. Was war sein Erfolgsgeheimnis? Es war die systematische Schrittfolge, in der er vorging. Diese Systematik erlaubte ihm, jeden Schritt sorgfältig vorzubereiten und – immer nur das nächste Teilziel im Auge – den jeweiligen Schritt ganz deutlich und konsequent zu setzen. Die Turbulenzen zwischendurch – seien es jene heftigen Auseinandersetzungen des Workshops oder spätere Störungen bei der Umsetzung – konnten ihn nicht irritieren oder gar aus der Bahn werfen. Er wusste jederzeit, was er zu tun hatte.

Die Fünf-Schritt-Folge sorgt für Ordnung

Ein Prozessmodell mit 5 Schritten wies Herrn Sellingstroh den Weg: Werfen wir einen Blick auf diese systematische Schrittfolge und die wechselnden Anforderungen, die jeder Schritt an die Persönlichkeit von Herrn Sellingstroh gestellt hatte (Abb. 1).

Am Anfang stand die **Themensetzung**. Sie umfasste zunächst die gedankliche Vorbereitung Herrn Sellingstrohs, dann seine genaue Formulierung der Ziele, später die mündliche Ankündigung des Workshops und das schriftliche Briefing 14 Tage vor dem Workshop. Auch die Vorbereitungsarbeit der Teammitglieder und schließlich deren Vorträge am Morgen des 7. März gehörten noch zur Themensetzung. Allein diese Phase der Einstimmung des Teams dauerte circa vier Wochen. Die Sorgfalt hatte sich im vorliegenden Fall gelohnt, denn die anschließende Diskussion verlief engagiert und zielgerichtet.

Welche persönlichen Talente haben Herrn Sellingstroh geholfen, sein Team mit seinem Thema zu infizieren? Zunächst war es sein Mut, angesichts des Gegenwindes, der ihm ins Gesicht schlug, überhaupt mit einem solch gewagten Plan die Bühne zu betreten. Dann aber auch sein durchaus elitäres Bewusstsein, besser als die anderen zu wissen, wohin die Reise gehen muss. Verwechseln Sie bitte dieses elitäre Selbstverständnis

H. W. Becker, *Zum Konsens in fünf Schritten*, https://doi.org/10.1007/978-3-658-49133-8_2

1. Schritt — **Themensetzung**
Führt zur Konzentration *aller* auf *ein* Thema

2. Schritt — **Diskussionsphase**
Führt vom Beginn der Diskussion bis zum „Magischen Moment"

3. Schritt — **Magischer Moment**
Wechsel von der Diskussions- in die Entscheidungsphase

4. Schritt — **Entscheiden**
Führt bis zur Besiegelung des Entschlusses

5. Schritt — **Umsetzungsphase**
Führt bis zur praktischen Verwirklichung

Abb 1   Die Fünf-Schritt-Folge

nicht mit Arroganz oder plumper Besserwisserei. Aber keine falsche Bescheidenheit: Die bessere Idee hilft niemandem, wenn sie nicht ins Spiel kommt.

Die Themensetzung ist ein elitärer Akt.

Nachdem in der Anfangsrunde der letzte Teamleiter gesprochen hatte, begann die **Diskussionsphase**. Im Team herrschte ein konkurrierendes Klima. Bei der Neuorganisation ging es auch um Jobs und Status, also jede Menge Zündstoff. Sie können sich vorstellen, dass es hoch herging. Herr Sellingstroh dokumentierte die Vorschläge und Argumente. Es sah aus, als würde miteinander gekämpft, aber tatsächlich handelte es sich um eine Materialsammlung und erst am Ende um deren Bewertung. Wie mir Herr Sellingstroh später erzählte, fiel es ihm nicht leicht, dabei im Hintergrund ruhig zu bleiben. Erst als die Sachargumente ihre Kraft entfalteten, entspannte er sich und sah, wie das spätere Resultat langsam Gestalt annahm.

Nun kamen Herrn Sellingstroh seine uneitle Art und sein raumgebendes Wesen zustatten. Auch wenn er still dasaß und zuhörte, scheinbar überflüssig, stets hatte Herr Sellingstroh das Gefühl: „Dies ist die Diskussion, die ich wollte."

Im **Magischen Moment**, als die klare Bewertung der Entscheidungsalternativen allen die Sprache verschlug, war es ein Teamleiter, der die Stimmung erfasste und instinktiv zupackte: Er gestand seinen Sinneswandel und benannte die im Raum stehende Lösung.

> Diesen Moment zu ergreifen, das ist die Kunst des Augenblicks. Der Teamleiter übte keine Gewalt aus, brach nichts übers Knie und musste niemanden niederringen.

Er brauchte nur das auszusprechen, was in diesem Augenblick die Erkenntnis aller war: „Im Laufe des Tages hat sich für mich herausgestellt, dass die zweite Lösung eindeutig die beste ist."

So kurz kann die **Entscheidungsphase** manchmal sein. Meistens dauert es länger: Da wird gedreht und gewendet, gerechnet und geschoben. Da ringt sich der eine oder der andere quälend zum Verzicht durch und die Führungskraft muss sowohl mit Sachkenntnis als auch mit Sinn für Gerechtigkeit das Gespräch straff führen. Aber hier brauchte Herr Sellingstroh das Resultat nur dankend entgegenzunehmen.

> Die Plausibilität der Lösung hatte genug Autorität.

Die **Umsetzungsphase** dauerte dafür länger: Ein Jahr brauchte es, bis alle Prozesse funktionierten und endlich auch der Umzug erledigt war.

Vor allem mit Hilfe der Teamsitzungen steuerte und kontrollierte Herr Sellingstroh die erforderlichen Veränderungen. Aber unter vier Augen war auch manches ernste Wort nötig, um alle vereinbarten Handlungen termingerecht einzufordern und gleichzeitig das laufende Geschäft voranzubringen. Mittlerweile hatte Herr Sellingstroh in seinem Team unbestreitbar an Autorität gewonnen, was ihm nun auch erlaubte, mit seinen Teamleitern das eine oder andere „aufklärende" Gespräch zu führen.

Themensetzung, Diskussion, Magischer Moment, Entscheidung und Umsetzung: Das war die Schrittfolge von Herrn Sellingstroh. Und es wird auch die Schrittfolge dieses Buches sein. Wir beginnen mit der Themensetzung.

1. Schritt: Die Themensetzung

Wie Sie die Mannschaft auf Ihr Thema konzentrieren

Welches Problem wollen Sie lösen? Wozu brauchen Sie die Unterstützung Ihrer ganzen Mannschaft? Geht es darum, neue Chancen im Markt zu identifizieren? Wollen Sie neue Prozesse implementieren? Die Zusammenarbeit Ihres Teams verbessern? Oder wollen Sie die Kosten senken? Drohende Gefahren abwenden? Neuland betreten? In jedem Fall wollen Sie, dass alle engagiert mitmachen. Und dazu müssen Sie Ihre Mannschaft aufrütteln und für Ihr Thema interessieren.

Das gilt auch, wenn Sie die Unterstützung eines Kollegen brauchen, der Ihrem hierarchischen Zugriff nicht untersteht. Oder wenn Sie Ihren Vorgesetzten für eine neue Idee gewinnen wollen. Auch wenn ein Mitarbeiter aus seinem Trott gerissen werden muss. In jedem Fall muss Ihre Ansprache Autorität haben und den anderen so „erschüttern", dass er sich nicht nur beiläufig, sondern mit ganzer Konzentration Ihrem Anliegen widmet. Jedes Gespräch braucht eine wirksame Initialzündung, die den anderen mitreißt.

Eine kleine Geschichte aus dem Alltag einer Führungskraft: Frau Pietsch, eine Projektleiterin in einem feinmechanischen Betrieb, suchte bei mir Rat. Sie stand kurz davor zu scheitern. Sie sollte ein wichtiges IT-Programm für den Marketingbereich des Hauses einführen. Dazu

H. W. Becker, *Zum Konsens in fünf Schritten*, https://doi.org/10.1007/978-3-658-49133-8_3

brauchte sie die Unterstützung der IT-Abteilung, aus der ihr ein Mitarbeiter mit 80 % seiner Kapazität zugeordnet war. Doch dieser Mitarbeiter wurde von seinem Vorgesetzten Herrn Schütte so sehr beansprucht, dass er allenfalls 20 Prozent seiner Zeit für Frau Pietsch aufwenden konnte. Die Bemühungen von Frau Pietsch, diesen Konflikt mit Herrn Schütte beizulegen, misslangen.

Das hatte einen heimtückischen Grund, denn sollte Frau Pietsch mit ihrem Projekt scheitern, dann hätte Herr Schütte gute Chancen, die Führung des Projektes selbst zu übernehmen. Seine Hoffnung drohte nun wahr zu werden. Ich fragte Frau Pietsch, ob sie über ihr Dilemma schon einmal mit ihrem Chef, Herrn Renck, gesprochen hätte. Ja, das habe sie bereits getan. Was er denn darauf geantwortet habe, wollte ich wissen. Darauf Frau Pietsch: „Ich solle es weiter versuchen, hatte er mir gesagt. Er hatte kaum Zeit für mich." „Ja und dann?" „Dann habe ich es wieder mit Herrn Schütte versucht. Aber das hat auch nicht geholfen." Sie saß in der Klemme, denn sie fand für ihr Thema kein Gehör. Bei niemandem.

Um ihr Problem zu lösen, war Frau Pietsch auf den Einfluss von Herrn Renck angewiesen. Das Problem war dazu wichtig genug. Aber es war Frau Pietsch nicht gelungen, Herrn Renck aufzurütteln. Sie hätte im Gespräch mit ihrem Chef die Führung übernehmen und seine Unterstützung einfordern müssen.

> **Leadership zeigt sich vor allem in der Eindeutigkeit der Willensbekundung und in der Fähigkeit, dafür die richtigen Signale zu setzen.**

Führungskräfte müssen ihr Anliegen so klar und plausibel vermitteln können, dass es allen unverkennbar, möglichst schlagartig einleuchtet. Diese „Animation" nenne ich *Themensetzung*.

Eine gelungene Themensetzung *fasziniert* und lockt die Angesprochenen aus ihrer Reserve, sodass sie sich engagiert einbringen. In diesem Kapitel werde ich die sieben wichtigsten Merkmale einer wirksamen Themensetzung erläutern. Die Lektüre wird Ihnen die Augen dafür öffnen, wie nachlässig Gespräche oft angeregt werden, und Sie werden wissen, wie es besser geht.

Ein Blick in die Tretmühle von Führungskräften zeigt, gegen welche Umstände sich die Themensetzung durchsetzen muss: Manager hetzen von Meeting zu Meeting, sind oft nicht ausreichend vorbereitet, unkonzentriert und nicht voll bei der Sache. Äußerlich in einer Besprechung sitzend, quält innerlich ein noch ungelöstes technisches Problem oder ein Konflikt mit einem schwierigen Mitarbeiter. Es drücken Sorgen aus privatem Kummer oder es faszinieren Träume vom nächsten Urlaub. Jeder befasst sich mit seiner eigenen Sache.

Irgendetwas wird Herrn Renck daran gehindert haben, Frau Pietsch zuzuhören. Ich will das Verhalten von Herrn Renck nicht entschuldigen, aber wenn Frau Pietsch Gehör finden will, muss sie lernen, ihr *Thema* so wirkungsvoll zu *setzen*, dass Herr Renck seine eigenen Gedanken fallen lässt und seine ganze Aufmerksamkeit auf ihr Anliegen richtet. Wichtige Dinge, en passant zwischen Tür und Angel angesprochen, können nicht „hörbar einrasten".

Also: Nicht nebenbei auf dem Weg zur Kantine und *klagend*: „Herr Schütte macht mir immer noch Schwierigkeiten ....."

Auch nicht vorwurfsvoll polternd oder anklagend, sondern: den Raum von Herrn Renck betreten, die Tür hinter sich schließen, sich setzend, den Blick auf den Chef gerichtet und dann erst, und zwar mit Festigkeit *fordernd*: „Herr Renck, ich brauche Ihre Hilfe! In der Zusammenarbeit mit Herrn Schütte komme ich ohne Ihren Einfluss nicht weiter. Ich bin in Sorge, dass das Projekt scheitert."

In diesem Beispiel ging es darum, ein Zwiegespräch wirksam einzufädeln. Noch viel wichtiger ist die erfolgreiche Themensetzung, wenn eine Gruppendiskussion herbeigeführt werden soll. Dann sind mehrere Personen gleichzeitig so aufzurütteln, dass alle ihre ganze Konzentration auf das anstehende Thema richten.

Dabei hilft eine gut formulierte und effektvolle Themensetzung: Sie versetzt Personen in Bewegung, bildet im Team Gemeinschaft und initiiert die Zusammenarbeit. So übernimmt die Themensetzung einen nicht unbeträchtlichen Teil der Führungsarbeit, denn sie hilft den Betroffenen, die Sache, um die es geht, zu erkennen und im Auge zu behalten.

Die Themensetzung ist sorgfältig vorbereitet

Eine effektvolle Themensetzung schüttelt niemand aus dem Ärmel. Ihr Auftritt hat wahrscheinlich keine Autorität, wenn Sie einfach so daherreden, was Ihnen spontan einfällt. Gerade die besten Redner, deren gekonnte Vortragsweise Sie vielleicht einer außergewöhnlichen Begabung zuschreiben, überlassen nichts dem Zufall, sondern bereiten sich akribisch vor. Insbesondere wenn es nur ein Satz ist, der den Angesprochenen „überwältigen" soll, lohnt sich diese Sorgfalt.

> Die Klarheit der Botschaft und die Prägnanz des sprachlichen Ausdrucks verleihen Ihrer Aussage erst die bestimmende Kraft.

Was wollen Sie erreichen? Und wie koppeln Sie wirkungsvoll an den oder die Gesprächspartner an? Lassen Sie sich von den folgenden Hinweisen bei Ihrer Vorbereitung leiten:

Am Anfang eines Veränderungsvorhabens sollten Sie Ihre Situation mit nüchterner Distanz betrachten. Meist sind Sie nicht nur mit einem Vorhaben befasst. Vieles dreht sich in Ihrem Kopf. Manche eiligen Einzel-

© Der/die Autor(en), exklusiv lizenziert an Springer Fachmedien Wiesbaden GmbH, ein Teil von Springer Nature 2025
H. W. Becker, *Zum Konsens in fünf Schritten*,
https://doi.org/10.1007/978-3-658-49133-8_4

heiten und aktuellen Schwierigkeiten fesseln Ihre Konzentration und erschweren, das Wesentliche zu erkennen. Lösen Sie sich von alldem und verschaffen Sie sich erst einmal einen Überblick über Ihr vollständiges Aufgabenfeld. Aus diesem Abstand können Sie ein Vorhaben auswählen: Man kann nicht alles auf einmal machen. Verzettelung schwächt die Schlagkraft.

Die Auswahl dessen, worauf Sie mit Ihrer Initiative den Fokus richten werden, fällt leichter, wenn Sie sich auch räumlich distanzieren und einen Ort aufsuchen, der Abstand und Kreativität fördert. Dem einen hilft hierzu ein Waldspaziergang, dem andern ein kollegiales Zwiegespräch bei einem guten Essen, wieder einen anderen befreit der Blick aufs Meer. „Was will ich als nächstes zum Erfolg führen?" Wer wirksam Einfluss ausüben will, muss diese Frage vorab beantworten.

Danach erst geht es an die Details. Stellen Sie sich dann folgende Fragen: In welcher Ausgangssituation befinde ich mich? Welche Nebenziele und Randbedingungen muss ich beachten? Wo sind die Gefahrenherde – fachlich und bezogen auf die Personen? Was bewegt die zu beteiligenden Personen gegenwärtig? Was wird sie an meinem Anliegen reizen, was abstoßen? Wer muss wann und mit welchem Themenaspekt beteiligt werden? Habe ich schon an alle wichtigen Mitspieler gedacht: Experten, Ausführende, Machthaber, Eigentümer, Betroffene, Fürsprecher, Opponenten? Wen möchte ich dichter an meiner Seite haben?

Identifizieren Sie jene Personen, die zur Lösung Ihres Problems beitragen können. Beziehen Sie auch diejenigen mit ein, die später bei der Umsetzung betroffen sind. Meistens handelt es sich um die Mitglieder eines Teams. Aber nicht selten gibt es Problemstellungen, zu deren Lösung eine interdisziplinäre Arbeitsgruppe zusammengestellt werden muss. Hinzu kommen gelegentlich Experten mit spezifischer Kompetenz.

Bisweilen erliegen Manager der Versuchung, schwierige Mitarbeiter als Störenfriede oder Querulanten einzustufen und aus wichtigen Problemlösungsprozessen auszuschließen. Diese Führungskräfte meinen, sie kämen so leichter zur Einigung. Meistens schadet ein solches Vorgehen aber mehr, als dass es nützt. Denn der später vor vollendete Tatsachen Gestellte entwickelt zusätzlichen Widerstand und ist umso schwerer zu integrieren. Außerdem gehen dem Team die Ideen und Beiträge des Betreffenden verloren, die manchmal durch ihre besondere Sichtweise schwer zu ertragen, aber gerade deshalb wertvoll sein können.

Und erst jetzt: Wie kann ich die Themensetzung gestalten? Welcher Inhalt ist zu vermitteln? Welchen Raum zur Gestaltung will ich freigeben und welche Grenzen muss ich ziehen? Welche Teilschritte und Unterthemen können den Einigungsprozess sinnvoll ordnen? Welche Formulierungen leuchten den betreffenden Personen unmittelbar ein? Wie steigere ich das Interesse an meinen Darlegungen? Welche Dynamik ist in der Diskussion zu erwarten? Wie lange könnten die Auseinandersetzungen dauern, bis wir einen Konsens haben – Stunden, Tage, Wochen? Rechtfertigt das Projekt, einen Workshop außerhalb des Betriebes zu veranstalten? Brauchen die Mitwirkenden räumlichen Abstand, um sich vom Tagesgeschäft zu lösen?

Viel weiter lässt sich nicht in die Zukunft schauen. Die Chance allerdings, das Engagement der Beteiligten zu gewinnen steigt, je besser das Thema zündet. Gewissenhaft vorbereitet an die Zielgruppe anzukoppeln ist das Geheimnis von Leadership in der Initialphase von Veränderungsmaßnahmen.

Die gedankliche Vorbereitung gelingt Ihnen besser, wenn Sie darauf vertrauen, dass Ihre Mitarbeiter guten Willens sind. „Es wäre doch gelacht, wenn wir das nicht miteinander schaffen würden!" Eine solche Einstellung imponiert und steckt an.

Die Themensetzung beteiligt die Mitarbeiter am Problem

Die Produktionschefin sagt zu ihren Abteilungsleitern in der Fertigung: „Wir haben in unserer Halle drei getrennte Lager. Das ist nicht wirtschaftlich. Legen Sie diese Lager zusammen und zwar dort, wo sich jetzt das Zwischenlager befindet. Zusätzlichen Platz gewinnen wir dadurch, dass wir den Siebdruck dorthin verpflanzen, wo im Moment das Ersatzteillager ist." Lustlos machen sich ihre Mitarbeiter an die Arbeit. „Auch das noch!"

Die Themensetzung ist eine Forderung an das Team. Und Forderungen können reizen und Lust machen, weil sie Abenteuer in Aussicht stellen. Aber sie können auch Unlust auslösen, wenn es – wie in diesem Beispiel – nur um plumpe zusätzliche Aufgabenerledigung geht.

> Viele Führungskräfte glauben, sie seien für die Lösung der Probleme allein verantwortlich und brauchten für die Umsetzung ihrer Ideen nur die nötigen Anordnungen zu treffen. Aber so entsteht keine solidarische Gemeinschaft, die tatkräftig zu Werke geht.

© Der/die Autor(en), exklusiv lizenziert an Springer Fachmedien Wiesbaden GmbH, ein Teil von Springer Nature 2025
H. W. Becker, *Zum Konsens in fünf Schritten*,
https://doi.org/10.1007/978-3-658-49133-8_5

Eine stimulierende Themensetzung verteilt keine Aufgaben, sondern setzt reizvolle Ziele, die Gelegenheit bieten, die eigene Kompetenz und Cleverness zum Einsatz zu bringen. Deshalb ist es besser, die Mitarbeiter *am Problem* zu beteiligen, als ihnen eine Lösung vorzugeben. Etwa so:

„Mit unseren drei Lagern verschwenden wir Fläche, Zeit und Personal. Wie können wir dieses Lagerproblem optimal lösen? Am nächsten Donnerstag um 14.00 Uhr treffen wir uns zu einer Sondersitzung. Jeder denke sich bitte bis dahin Lösungsmöglichkeiten aus. Die werden wir dann zusammentragen und uns für die beste Lösung entscheiden." So kann ein Wettbewerb der Ideen entstehen und die Chance steigt, dass sich alle Beteiligten mit der Lösung identifizieren. Die Vorbereitungsfrist ist lang genug, um gute Ideen zu erarbeiten.

Nachdem die Produktionschefin das Thema in der Teamsitzung mündlich gesetzt hat, tut sie gut daran, den Text zusätzlich als Mail zu versenden. In dieser Mail kann sie auch ankündigen, dass alle Abteilungsleiter reihum ihre Ideen vortragen werden. Das spornt an, mit guten Vorschlägen aufzuwarten.

Die Themensetzung steckt die Claims ab

Das Wichtigste am Thema ist die klare Definition des anstehenden Problems. Damit ist das markiert, was entschieden werden soll. Immer gibt es aber auch Randbedingungen, die den Entscheidungsspielraum einschränken:

- „Die Fluchtwege dürfen wir nicht verändern!"
- „Es darf nicht mehr als 30.000 € kosten."
- „Es kommen nur solche Produkte in Frage, die in unseren Vertrieb passen."
- Und so weiter … Diese Grenzen und Rahmenbedingungen sind in der Themensetzung genau und deutlich anzugeben.

> Definieren Sie den Entscheidungsspielraum unmissverständlich, indem Sie alles klar und deutlich ausgrenzen, was bereits festliegt und infolgedessen nicht mehr zu entscheiden ist. Sonst geht alles drunter und drüber.

Dies bedeutet einerseits Einschränkung, aber andererseits entsteht dadurch erst der Freiraum, in dem das Team ohne Bevormundung agieren und eine Lösung finden kann.

H. W. Becker, *Zum Konsens in fünf Schritten*,
https://doi.org/10.1007/978-3-658-49133-8_6

Die Themensetzung stimuliert

Die Diskussionsteilnehmer werden weniger durch rationale Argumente, als durch emotionales *Anstiften* gewonnen. Manch einer kann das besonders gut. „Der Typ" braucht nur einen Raum zu betreten und alle schauen sofort in seine Richtung. Ein *raumfüllender* Mensch, man sagt auch, er habe Charisma, kann andere in seinen Bann ziehen.

Seine aufrechte Haltung und sein klarer Blick lassen erkennen: Er weiß, was er will. Seine Bewegungen und Gesten wirken wie eine bestimmende Kraft. Die Angesprochenen können sich dieser Kraft nur schwer entziehen. Von der Klarheit seiner Gedanken in einfacher Sprache geht Faszination aus. Für solch einen Menschen ist die Themensetzung ein Kinderspiel.

Er darf es aber keinesfalls nur auf den Show-Effekt anlegen. Die Problemstellung muss so realistisch und glaubwürdig vermittelt werden, dass sie die Beteiligten auch inhaltlich überzeugt. Trotzdem, außer der rationalen Einsicht in die Richtigkeit des Themas geht es um das Gepacktwerden, um das Erkennen seiner Dringlichkeit oder seiner Chancen. Es leuchtet ein, dass eine charismatische Begabung Führungskräften hilft, ein Thema besonders stimulierend zu setzen und demzufolge eine lebendige Debatte zu zünden. Was sollen aber jene tun, die nicht über diese

© Der/die Autor(en), exklusiv lizenziert an Springer Fachmedien Wiesbaden GmbH, ein Teil von Springer Nature 2025
H. W. Becker, *Zum Konsens in fünf Schritten*,
https://doi.org/10.1007/978-3-658-49133-8_7

Gabe verfügen, die stillen Menschen, die guten Zuhörer, die raum-
gebenden Führungskräfte?

Die folgende Geschichte erlebte ich in der Einkaufsabteilung einer
großen Hamburger Verwaltung. Sie handelt von einer Führungskraft, die
keinerlei Charisma besaß, aber mit Erfolg ein Thema setzte: Bisher arbeiteten die Mitarbeiter der Abteilung verteilt in verschiedenen Stockwerken
des Gebäudes. Das erforderte zusätzlichen Aufwand für Wege, Telefonate
statt kurzer Zurufe, vor allem aber: Man lernte sich nicht wirklich kennen, gemeinsame Gewohnheiten konnten sich nicht herausbilden, Miss-
verständnisse führten zu Pannen und infolgedessen zu Spannungen.

Endlich war eine Raumlösung gefunden, der Umzug stand bevor.
Schon seit einigen Wochen zerbrach sich die Abteilungsleiterin, Frau Upplegger, den Kopf darüber, wie die neue Sitzordnung aussehen könnte. Es
gab Eckplätze, Fensterplätze, Gangplätze, Türnähe und einige Schreibtische „mittendrin". „Wenn ich keine gute Lösung finde, belastet das den
Neubeginn der Zusammenarbeit von Anfang an. Bessere Plätze für ver-
diente Mitarbeiter? Das könnte als Hinweis auf eine Rangordnung miss-
verstanden werden. Schlechtere Plätze führen zu Missgunst und ich wäre
der Sündenbock."

Während Frau Upplegger noch über die bestmögliche Lösung grü-
belte, beobachtete sie ihre Tochter, wie sie selbstvergessen mit ihren Le-
goklötzchen spielte. Das brachte sie auf eine Idee: Sie könnte in einem
Konferenzraum den Grundriss der neuen Räumlichkeit modellhaft aufbauen und mit kleinen Holzklötzchen, die die Schreibtische symbolisie-
ren, „spielend" diskutieren lassen: Ein Puppenspiel als visualisierte
Themensetzung. Sie würde die Lösung mit den Mitarbeitern gemeinsam
entwickeln. Gesagt, getan. Bevor Frau Upplegger sich mit ihrer Abteilung
um das Raummodell zusammensetzte, begann sie mit der Themensetzung, indem sie mit allen gemeinsam die neuen Räume beging und
ihre Mitarbeiter aufforderte, sich einen Lieblingsplatz zu suchen, … dann
einen Alternativplatz … und dann noch eine dritte Wahl. Beim an-
schließenden Treffen am Raummodell bekam jeder ein Klötzchen und es
entspann sich ein mit vielem Lachen begleiteter „Verteilungskampf".

Frau Uppleggers Rechnung ging auf. Die Abteilung handhabe das
Problem verantwortlich und fand sich zu einem gemeinsam getragenen

Raumlayout zusammen. Der Neuanfang der Abteilung begann nicht mit Missgunst, sondern mit einem Konsens.

Diese Themensetzung bedurfte keiner charismatischen Führung. Sowieso, zu Unrecht wird unauffälligen raum*gebenden* Menschen wirksamer Einfluss nicht in gleichem Maße zugetraut wie charismatischen Typen. Seien Sie ganz beruhigt, wenn Sie zu den raum*gebenden* Menschen zählen.

> Am Ende erweist sich die Fähigkeit, den Teammitgliedern Raum zur Entfaltung zu geben, als der produktivere Weg.

Dafür gibt es in der Geschichte viele Beispiele. Das, was ein charismatischer Führer bei der Themensetzung aus dem Ärmel schütteln kann, schaffen Sie auf andere Weise: indem Sie sich sorgfältig vorbereiten.

Die Themensetzung hilft, Zumutungen zu ertragen

Wer Verantwortung trägt, kann es nicht allen recht machen, er muss mitunter bittere Medizin verordnen. Leider ist das Notwendige gelegentlich unbequem und richtet sich oft sogar gegen persönliche Interessen Einzelner. Besonders in konjunkturellen Schlechtwetterperioden, wenn sich die Gemeinschaft zur Notgemeinschaft wandelt: Dann können Sie mit der Themensetzung egoistischen Tendenzen entgegentreten. Verwenden Sie in solchen Situationen viel Mühe darauf, Ihre zumutende Themensetzung nachvollziehbar zu begründen. Lassen Sie auch spüren, wenn Sie Ihre Forderung ungern erheben. So vermeiden Sie am ehesten eine unproduktive Konfrontation und die Chancen auf eine lösungsorientierte Diskussion steigen.

„Liebe Kolleginnen, liebe Kollegen! Es tut mir außerordentlich leid, dass ich euch eine sehr traurige Nachricht mitteilen muss: Unser wichtigster Kunde, die IVC-Company ist völlig überraschend seit gestern zahlungsunfähig. Wir wissen im Moment noch nicht, wie hoch unsere Einnahmeausfälle sein werden. Wir wissen auch noch nicht, wer diesen wichtigen Kunden ersetzen kann. Wir wissen nur eins: Auch unsere Existenz ist bedroht, wenn wir nicht alle den Gürtel enger schnallen und

© Der/die Autor(en), exklusiv lizenziert an Springer Fachmedien Wiesbaden GmbH, ein Teil von Springer Nature 2025
H. W. Becker, *Zum Konsens in fünf Schritten*,
https://doi.org/10.1007/978-3-658-49133-8_8

trotzdem mit ganzer Kraft weitermachen, bis diese Krise ausgestanden ist …"

Gerade in der Not haben die Menschen das Bedürfnis zusammenzurücken. Haben Sie es nicht selbst auch schon erlebt, wie befriedigend es sein kann, gemeinsam einer Bedrohung zu trotzen? „Komm, das schaffen wir schon." Aber wenn sich eine Notgemeinschaft bilden soll, müssen auch Sie Ihren Beitrag leisten: Sie müssen mit gutem Beispiel vorangehen und durch Transparenz aller Fakten für Glaubwürdigkeit sorgen. Dann sind die Menschen bereit, Opfer zu bringen und zu teilen.

Die Themensetzung zeigt Zusammenhänge auf

Veränderungserfordernisse entstehen nicht im luftleeren Raum. Meist werden sie durch Veränderungen im Umfeld aufgenötigt: Neue Konkurrenten tauchen auf, Kunden überraschen mit ungewöhnlichen Wünschen, Kostensteigerungen gefährden die Stellung im Markt oder technologische Neuerungen sind zu berücksichtigen. Auch gesellschaftliche und politische Entwicklungen erzwingen manchmal Veränderungsinitiativen.

Zur Themensetzung gehört es, dem Team bewusst zu machen, in welchen Zusammenhängen das Thema steht. Manche Mitarbeiter erkennen den Sinn einer Veränderung erst dann, wenn sie die Maßnahmen in einem größeren Gesamtkontext einordnen können. Geben Sie deshalb alle erforderlichen Vorinformationen, um dieser Sinngebung den Weg zu ebnen. Außerdem hilft eine solche Hinführung zum Thema Ihren Teammitgliedern, den anstehenden Gegenstand besser zu erkennen und sich auf ihn einzustellen.

© Der/die Autor(en), exklusiv lizenziert an Springer Fachmedien Wiesbaden GmbH, ein Teil von Springer Nature 2025
H. W. Becker, *Zum Konsens in fünf Schritten*,
https://doi.org/10.1007/978-3-658-49133-8_9

Die Themensetzung fragt nach Lösungen

Die folgende kleine Geschichte stammt von Ruth Cohn, deren Bedeutung für meinen Lernweg ich bereits im Prolog beschrieb. Sie hat meine Gedanken zu diesem Kapitel ganz wesentlich inspiriert. Ruth Cohn illustrierte mit einem Beispiel aus ihrer eigenen Erfahrung, wie ein kleines Detail der Themenformulierung einschneidend wirken kann: „Wie wichtig die Themenformulierung ist, ging mir bei einem meiner ersten Workshops auf, den ich mit Schriftstellern durchführte. Das Thema des Workshops war ‚*Die Blockade des Schriftstellers*‘. Mehrere Stunden drehte sich das Gespräch zwischen den blockierten Schriftstellern um die Schwierigkeiten, die ihnen beim Schreiben begegnen. Es war eine verbale Orgie über das Blockiertsein. Da kam mir der Gedanke, das Thema umzuformulieren in ‚*Wie setze ich meine schöpferische Kraft beim Schreiben frei?*‘ Im Nu verwandelte sich die Klage über blockiertes Denken in ein Nachdenken darüber, wann der eine oder andere seine Blockierung wenigstens temporär überwunden hatte, und mit welchen Ideen es sich lohnen könnte, zu experimentieren." (Ruth Cohn und Alfred Farau 1984, S. 366).

Das Beispiel zeigt, wie die Themenformulierung gewissermaßen als Weggabelung wirkt: Bleiben die Teammitglieder im Wehklagen und Lamentieren stecken oder gestalten sie die Diskussion konstruktiv und lösungsorientiert? Richten Sie deshalb mit der Themensetzung den Blick Ihrer Teammitglieder nach vorn, auf neue Horizonte.

Also nicht: „Unser Thema ist die ansteigende Zahl der Reklamationen im letzten halben Jahr." Hier richtet sich der Blick aufs Problem.

Sondern: „Wie können wir eine Reklamationsrate von weniger als 1 Prozent erreichen?" So ermuntern Sie, an Lösungsmöglichkeiten zu denken.

Natürlich muss die Diskussion auch Ursachen beleuchten. Aber Vorsicht: Dabei besteht nicht nur die Gefahr, im Klagen und Lamentieren steckenzubleiben. Es entsteht auch das Risiko, dass das Team nach einem Sündenbock sucht und sich damit zufriedengibt, wenn es einen Schuldigen gefunden hat.

So weit die sieben Merkmale einer wirksamen Themensetzung. Sie wissen nun, wie Sie es anstellen müssen, wenn Sie Menschen aufrütteln wollen. Hätte Frau Pietsch dies gewusst, sie hätte Herrn Renck erreicht.

Das Wichtigste zur Themensetzung in Kürze

Nehmen Sie Ihre Aufgabe als Führungskraft wahr und richten Sie die Gedanken Ihrer Mitarbeiter auf das aus, was Ihnen wichtig ist. Um Ihr Team auf ein gemeinsames Thema einzustimmen, brauchen Sie Courage, einen Schuss Kühnheit, denn die Themensetzung ist ein elitärer Akt.

Ein effektvoll formuliertes Thema

- ist sorgfältig vorbereitet,
- beteiligt an der Suche nach einer Problemlösung,
- eröffnet einen Freiraum mit eindeutigen Grenzen,
- ist kurz und klar, sodass es gut im Gedächtnis bleibt,
- greift die Sprachgewohnheiten der Teammitglieder auf,
- hat stimulierenden Aufforderungscharakter,
- begründet plausibel,
- schaut in die Zukunft und eröffnet neue Horizonte,
- und reizt!

Die Diskussion kann beginnen. Wenden wir uns nun den Schwierigkeiten zu, die Sie bei der Leitung einer Diskussion zu überwinden haben.

2. Schritt: Diskussionsphase

Wie Sie trotz Chaos und Apathie Ergebnisse erzielen

„Das ganze Reden bringt doch nichts! Wir reden sowieso schon viel zu viel. Stundenlanges Gequatsche und nichts kommt dabei raus." Wenn solche Sätze fallen, fehlt Führung. Die Führung muss gewährleisten, dass am Ende tragfähige Resultate stehen. Das funktioniert nicht, ohne zu reden, denn ohne Reden kommen wir nicht zu Vereinbarungen und ohne Vereinbarungen finden wir keine gemeinsame Ausrichtung. Deshalb geht es darum, *effektiv* miteinander zu sprechen, ganz gleich ob im Büro, in der Teamsitzung oder im Workshop.

Effektiv miteinander sprechen, was heißt das? Diskussionen führen, wie geht das? Nicht wenige Führungskräfte haben geradezu Angst, im Team eine offene Diskussion zu führen. Aber wenn sie in Ihrem Team die Kräfte bündeln wollen, dann führt daran kein Weg vorbei.

Schon wenn ein einzelner Mensch eine bedeutende und schwierige Entscheidung zu treffen hat, dreht und wendet er die Sache, um die es geht, hin und her, bis endlich eine der zur Wahl stehenden Möglichkeiten als die richtige herausspringt. Damit hat dann die Qual der Wahl ein Ende. Dies gilt umso mehr für schwierige *Gruppen*entscheidungen, denn sie erfordern einen *kollektiven* Gärungsprozess: die vereinte Qual, das kollektive Hin-und-her-gerissen-Sein. Das ist in einer Gruppe noch

H. W. Becker, *Zum Konsens in fünf Schritten*, https://doi.org/10.1007/978-3-658-49133-8_11

schwerer zu ertragen als allein. Denn die Gruppendynamik beeinflusst die Gefühle der Beteiligten. Als Führungskraft müssen Sie diese gefühlsträchtige Seite des Einigungsprozesses ebenso bewältigen, wie die zur Debatte stehende Sachproblematik.

Solche chaotischen Phasen kommen dadurch zustande, dass die Beteiligten vorübergehend die Fülle der aufgeworfenen Fakten nicht mehr verarbeiten können. Sie haben dann das Gefühl, alles wachse ihnen über den Kopf. Mit Recht: Das strukturierende Denken versagt – aber Einfallsreichtum kann sich ausbreiten. Neue Ideen tauchen auf. Dieses Phänomen inspirierte wohl seinerzeit Clausewitz zu der Weisheit: *Der wirkliche Stratege klagt nicht über die Unsicherheit, sondern begrüßt sie als Quell der Inspiration* (Oetinger, von Bolko (u. a.) 2001, S. 29).

> Neue Ideen entstehen nur sehr selten in einem rationalen, geordneten Dialog. Sie erwachsen meist aus einer chaotisch-mannigfaltigen Gemengelage.

Leider erachten die meisten Führungskräfte chaotische Diskussionsphasen immer noch als unproduktiv und bemühen sich, sie zu vermeiden.

In diesem Kapitel erfahren Sie, welche Ordnung dem irrationalen Drunter und Drüber des Beratschlagens zugrunde liegt. Das wird Ihnen helfen, sich im Gesamtverlauf von Diskussionen besser zu orientieren, Situationen präziser einzuordnen, um gezielter zu intervenieren.

Diskussionen haben zwei Phasen

Wenn wir den Verlauf von Diskussionen untersuchen, dann können wir zwei unterschiedliche Phasen identifizieren: Zuerst geht es um die Materialsammlung, das Zusammentragen aller Argumente und Gesichtspunkte einer Entscheidungsgrundlage. Erst später, in der Entscheidungsphase, gelingt es den Diskutierenden, eine Entscheidung zu treffen oder ein gemeinsames Resümee zu ziehen.

Gleichwohl glauben die Beteiligten einer Diskussion schon von Anfang an, es ginge bereits um die Entscheidungsfindung. Einige meinen sogar, sie würden über das „schlagende Argument" verfügen und versuchen, dies anzubringen. Aber wenn man Diskussionen verfolgt, stellt man schnell fest, dass es viele schlagende Argumente gibt, die sich zudem noch oft widersprechen. So gewinnen die intensiv Diskutierenden den Eindruck, sie würden um die Entscheidung ringen. Es hört sich auch so an. Aber der Eindruck täuscht. Tatsächlich sammeln die Streitenden zunächst nur die zur Entscheidung beitragenden Argumente, Lösungsideen, Ursachen, Schuldzuweisungen, persönliche Interessen, technische Fragen, Chancen, Gefahren, organisatorische Zusammenhänge und so fort.

© Der/die Autor(en), exklusiv lizenziert an Springer Fachmedien Wiesbaden GmbH, ein Teil von Springer Nature 2025
H. W. Becker, *Zum Konsens in fünf Schritten*,
https://doi.org/10.1007/978-3-658-49133-8_12

Dazu gehört oft auch der berühmte „heiße Brei", den man am liebsten gar nicht anrührt und alles andere *nicht* Gesagte, das ängstlich Verschwiegene – für den Betreffenden selbst meist sogar das Wichtigste. Alles muss zunächst auf den Tisch.

So entsteht ein reger Wettbewerb der Ideen, oft mit einer kämpferischen Atmosphäre. In dieser Situation ein geordnetes, besonnenes Gruppengespräch herbeizuführen ist: erstens un*möglich*! und zweitens un*nötig*!

Die Entscheidungsfindung hat erst dann eine gute Grundlage, wenn die Beteiligten über alle Argumente verfügen, also erst *nach* der Materialsammlung.

Wie sich der Prozess der Entscheidungsfindung nach der Materialsammlung entwickelt und welche Rolle Sie als Führungskraft dann zu spielen haben, erfahren Sie im Abschnitt *Entscheiden*. Zunächst schauen wir auf die Materialsammlung der Diskussionsphase, direkt nach der Themensetzung.

Ertragen Sie geduldig den zaudernden Beginn

Die Führungskraft steht anfangs einem mehr oder weniger diffusen Einflussfeld gegenüber, das schwer zu durchschauen ist, das sie aber nicht ignorieren darf. Wichtiges wird oft nicht in den offiziellen Gremien geäußert, sondern einander auf den Fluren zugeraunt. Dort verschaffen sich die Menschen Erleichterung, allerdings am falschen Ort. Für die Führung geht es darum, Licht in das Dunkel zu bringen und die Beteiligten anzuregen, ihre Gedanken „offiziell" zu äußern. Dazu braucht die Führungskraft Mut, denn sie kann nicht wissen, was zur Sprache kommen wird. Aber erst Aussprache, Auseinandersetzung und Bündelung auf ein Ziel führen zum Wir.

Zu Beginn von Diskussionen bleiben die Beteiligten oft pomadig und teilnahmslos in der Deckung und steigen nur apathisch in die Aufgabenstellung ein. Die Führungskraft ist voller Tatendrang und Vorfreude auf eine lebendige Auseinandersetzung und dann schlägt ihr diese beklommene Atmosphäre entgegen, weil Ihre Teammitglieder scheinbar teilnahmslos in ihre Unterlagen starren – äußerlich gleichgültig, innerlich voller Angst: „Was handle ich mir ein, wenn ich sage, was ich wirklich denke?" „Wie peinlich wird es für mich, wenn ich etwas Falsches sage?"

H. W. Becker, *Zum Konsens in fünf Schritten*, https://doi.org/10.1007/978-3-658-49133-8_13

Nicht selten haben Menschen buchstäblich Angst, in ungewohnten Räumen die eigene Stimme zu hören. So beginnen Diskussionen meistens mit Verlegenheit. Nebensächlichkeiten bestimmen die sich entwickelnde Debatte. Die Teilnehmer gehen noch nicht aufeinander ein. Alles scheint irgendwie belanglos, vertane Zeit. Für ungeduldige Führungskräfte ist dies schwer auszuhalten. Widerstehen Sie der Versuchung, sich einzumischen, um das Geschehen anzutreiben. „Entängstigung" ist gefragt.

Verhindern Sie aber unbedingt das Entstehen einer langen Schweigepause, indem Sie mit verhaltener Stimme Teile der Themensetzung wiederholen. Bestenfalls sagen Sie scherzhaft: „Ja, wer hat denn Lust, den ersten Stein zu werfen?" Früher oder später kommt der erste zündende Gedanke aus der Gruppe und die Debatte, anfangs noch stolpernd, beginnt.

Und wenn partout keiner etwas sagt? Dann bleiben Sie entspannt, schauen in die Runde und wählen einen Teilnehmer aus, der ihrem Blick nicht ausweicht. Vielleicht sehen Sie jetzt auch seine Spannung? Eigentlich will er sprechen, braucht aber noch einen kleinen Schubs. Nicken Sie ihm freundlich zu und der Stein kommt ins Rollen.

Bleiben Sie im Hintergrund

Beim Beratschlagen ist es zwingend geboten, dass die leitende Person weitgehend in den Hintergrund tritt und den Beteiligten den Raum zur Diskussion freigibt.

> Wenn bei der Themensetzung der raum*füllende* Manager begünstigt war, dann ist es in der Diskussionsphase der raum*gebende*.

Ihm fällt es leichter, eine solch zurückgenommene Rolle einzunehmen. Eine raumfüllende Führungskraft hingegen muss oft ihren Impuls bekämpfen, in das Geschehen einzugreifen. Sie muss sich auf die Zunge beißen. Sonst hindert Sie die Gruppe daran, sich selbst zu regulieren, eigenverantwortlich das Gespräch zu entwickeln, um schließlich ihren Reichtum an Ideen zu enthüllen.

In dieser Diskussion sollten Sie auf eigene inhaltliche Stellungnahmen weitgehend verzichten, denn die Gefahr besteht, dass konfliktscheue Teilnehmer ihre „Fahne in den Wind hängen", statt ihren eigenen Standpunkt zu vertreten.

© Der/die Autor(en), exklusiv lizenziert an Springer Fachmedien Wiesbaden GmbH, ein Teil von Springer Nature 2025
H. W. Becker, *Zum Konsens in fünf Schritten*,
https://doi.org/10.1007/978-3-658-49133-8_14 **47**

Wollen Sie Ihre eigenen Vorstellungen zum Thema einbringen, dann ist die Diskussion in der Gruppe der falsche Ort und der falsche Zeitpunkt. Das, was Sie für unverzichtbar halten, gehört in die Themensetzung. Lösungsalternativen, die Sie unbedingt realisieren oder von vornherein ausschließen wollen, arbeiten Sie in die Themensetzung ein. Dadurch reduzieren Sie den Drang, selbst immer wieder in die Diskussion eingreifen zu müssen und die Teammitglieder durch Worte „von oben" in ihrer Entfaltung zu stören.

Auch wenn Sie scheinbar passiv schweigen, lassen Sie die Zügel nicht fallen. Sie steuern das Geschehen, in dem Sie Zwischenergebnisse notieren und mit Ihrem deutlichen Zuhören und Ihrem Blick zeigen, dass Sie zwar am Rande der Bühne stehen, aber der Regisseur sind, der das Heft in der Hand hält.

Lassen Sie das Chaos zu und ernten Sie viele Ideen

Schließlich kommt die ernsthafte Auseinandersetzung in Fahrt. Der Druck, der anfangs auf der Führungskraft gelastet hatte, weicht und sie braucht nur noch die Ideen und Anregungen entgegenzunehmen und zu protokollieren.

So einfach ist es nicht immer: Manchmal schlagen die Wellen höher. Wenn das Temperament der Beteiligten und die Brisanz des Themas Turbulenzen auslösen und die Diskussion chaotischen Charakter annimmt – was dann? Bleiben Sie unbeschwert, lassen Sie dem Geschehen seinen Lauf. Klare Ordnung, Besonnenheit und Vernünftigkeit sind gegenwärtig noch gar nicht anzustreben.

Sobald die Diskussion in Fahrt kommt, prallen Argumente, Ideen und denkbare Lösungsansätze aufeinander. Man ringt um Interessengegensätze und es treten Meinungsverschiedenheiten auf. Mehr noch, es gibt Emotionen, Ängste, Antipathien, Vergangenheitsbewältigung, Schuldzuweisungen und Altlasten – im Sinne liebevoll gepflegter alter Feindschaften –, die, in einer scheinbar sachlichen Debatte kunstvoll untergebracht, den Lauf der Erörterungen mitbestimmen. Zunehmend gerät die Debatte unter Spannung. Mitunter fliegen die Fetzen und es wird kräftig Dampf abgelassen.

Die Selbstkontrolle lässt nach. Aber: Das Material kommt auf den Tisch!

Wenn ich rate, den chaotischen Charakter der Diskussion zuzulassen, dann mag das überraschen, versuchen doch alle Moderationsmethoden von Anfang an Ruhe, Ordnung, Sachlichkeit und gegenseitiges Verständnis hervorzurufen. Manche Manager zweifeln gar an ihrer Führungskunst, weil es ihnen nicht gelingt, die Mitspieler hinreichend zu beruhigen und für Ordnung und Nüchternheit zu sorgen. Doch das ist überhaupt nicht nötig, denn auf leichte und sachliche Weise erreichte Lösungen haben nicht annähernd die gemeinschaftsbildende „Nebenwirkung" wie ein unter Schwierigkeiten errungenes Ergebnis. Erst das Ringen miteinander bildet die Gemeinschaft und stellt die Tragfähigkeit der Beschlüsse her. Es geht ja gerade ums „Sich-Zusammenraufen". Rauflust ist gefragt. Obendrein schützt die kontroverse Debatte davor, dass kollektive Fehlentscheidungen fallen, weil die Beteiligten gemeinsam elementare Fakten ausblenden und Traumschlösser bauen.

Deswegen wird natürlich niemand künstlich Zwietracht säen. Aber umgekehrt sollten Sie die turbulenten Phasen schwieriger Einigungsprozesse auch nicht entwerten und versuchen, sie zu vermeiden. Jede Diskussion hat ihren eigenen Grad an Leidenschaftlichkeit. Wie weit es dabei geht, hängt überwiegend vom Temperament der Beteiligten ab, das Sie ohnehin nicht ändern können.

Um Freude an der Kontroverse zu wecken, verrate ich Ihnen einen einfachen Trick: Benennen Sie einen „Advocatus diaboli". Seine Aufgabe ist es, zu allen Punkten die entsprechende Gegenposition zu vertreten. Er soll stets opponieren. Zu jedem Thema, gegenüber jeder Person. Da er diese Rolle spielerisch ausübt, nimmt ihm das niemand übel. Im Gegenteil, es entsteht Spaß am Streitgespräch und alle können die Erfahrung machen, dass Widerspruch nicht Feindschaft erregt, sondern konstruktive Streitkultur. Ermuntern Sie gerade in kontroversen Phasen einander gut zuzuhören. Verschiedenheit ist Reichtum.

> Eine Moderation, die den Streit glättet, schadet dem Prozessverlauf und mindert die gemeinschaftsbildenden Effekte der ungeregelten Diskussion und ihre kreativen Möglichkeiten.

Nicht das Raufen gefährdet die Einigungsbemühungen, sondern Taktieren, falsche Höflichkeit, vor allem aber Ironie und Sarkasmus: Hier gilt es, Einhalt zu gebieten, indem die Betreffenden aufgefordert werden, sich dem Gegenstand der Diskussion *ernsthaft* zu widmen. Reagieren Sie auf eine ironische Aussage, indem Sie den Betreffenden freundlich und direkt ansprechen: „Bitte keine Ironie, keine Albernheiten. Ich möchte, dass wir das Thema ernsthaft behandeln. Die Sache ist zu wichtig, um sie zu verflachen."

Vielleicht fragen Sie sich, warum ich einerseits dazu rate, den Emotionen freien Lauf zu lassen, andererseits aber Ironie und Sarkasmus zu unterbinden. Sind das denn keine Emotionen? Tatsächlich hat es mit Ironie und Sarkasmus seine besondere Bewandtnis: Es handelt sich dabei um Spott, der wie eine Tarnkappe Ärger oder Bitterkeit verbirgt, also geradezu um eine Distanzierung von Gefühlen. So finden Menschen nicht zueinander.

Sie brauchen Geduld und Gelassenheit, um das Chaos des gemeinsamen Beratschlagens zuzulassen. Die chaotische Mannigfaltigkeit der Debatte mischt alle Aspekte des Themas auf und bildet so die „Ursuppe", aus der schließlich die kreativen Eingebungen aufsteigen.

Nehmen Sie sich Zeit

Allzu oft steht für die Bildung von Konsens unter den Teammitgliedern viel zu wenig Zeit zur Verfügung. Der Meinungsaustausch wird zu früh gestoppt und der Prozess verläuft so: Zunächst erlebt man die chaotische Debatte, es kommt zur Eskalation der Emotionen. Daraufhin bricht der Teamleiter die Diskussion ab und fällt die Entscheidung per Machtwort. Dadurch sind die Teammitglieder ihres Einflusses beraubt und identifizieren sich nicht mit dem Befehl von oben. Die Folge sind Lethargie, Verdruss und Sabotage bei der Umsetzung. Statt der erhofften Verbesserungen arbeitet die Organisation im Krisenmodus. Hektische Feuerwehraktionen zur Lösung der drängendsten Probleme des Alltagsgeschäfts bestimmen das Bild. „Wir haben nie genug Zeit, um es richtig zu machen, aber viel Zeit es doppelt zu machen", so ein Workshopteilnehmer.

Ein Manager gilt als tüchtig, wenn er nach kurzer Kenntnisnahme eines komplexen Sachverhalts schnell und schneidig eine Entscheidung trifft und – zack – ist das Problem vom Tisch. Doch später, in der Phase der Umsetzung, wird ein Vielfaches der „eingesparten" Zeit für Flickwerk und improvisierte Notmaßnahmen verschwendet.

Der Versuch, die in der Diskussion auftretenden Probleme auszublenden oder per Beschluss zu eliminieren, muss scheitern. Unternehmen

H. W. Becker, *Zum Konsens in fünf Schritten*, https://doi.org/10.1007/978-3-658-49133-8_16

und Teams brauchen eine konstruktive Streitkultur. Wer vor dem hierfür erforderlichen Zeitaufwand zurückschreckt, sollte den Gesamtprozess in den Blick nehmen. Die in der Initialphase eines Projektes investierte Zeit wird bei der Umsetzung der Aktionen vielfach wieder eingespart. Sorgfältiges Nachdenken und zeitraubende Abstimmung am Beginn von Veränderungen helfen, Zeit zu *gewinnen*.

Nicht jede Frage eines Teams muss vollständig ausdiskutiert werden, aber je einvernehmlicher die grundsätzlichen Fragen gelöst sind, desto empfänglicher sind die beteiligten Menschen für Kommandos und Zurufe, die auf dem Grundkonsens beruhen.

Diskutieren Sie ergebnisoffen

In solchen Prozessen kann bei der Führungskraft vorübergehend durchaus die Befürchtung entstehen, es gäbe gar keine Lösung. Und diese Befürchtung ist nicht abwegig. Es kommt zwar selten vor, aber die Lösungssuche kann tatsächlich scheitern, weil die anstehende Aufgabe gar nicht lösbar ist. Außerdem ist der kreative Einfall ein passiver Akt. Man kann ihn nicht erzwingen.

Für Führungskräfte, die immer alles im Griff haben müssen, die glauben, den Erfolg buchstäblich planen zu können, ist diese temporäre Ratlosigkeit schwer zu ertragen. Die genialen Lösungen bleiben solchen Führungskräften aber verborgen. Hier ist die Fähigkeit gefordert, eine diffuse Situation eine Zeitlang auszuhalten und nicht sofort Zuflucht in festen, meist schon bekannten Tatsachen zu suchen. Das Beratschlagen im Team ist zuweilen eine Wanderung im Nebel.

Wenn ich selbst als Leiter eines problemlösenden Workshops diese chaotische Vielfalt zulasse, werde ich manchmal gefragt, warum ich nicht eingreife und ob ich mit Moderation das Gespräch nicht ordnen wolle. Die Tatsache, dass ich nicht interveniere, erstaunt offensichtlich. „Nein, nein", antworte ich dann, „ich möchte die kreative Unordnung im Moment nicht unterbrechen. Ordnung in die Inhalte bringen wir später."

H. W. Becker, *Zum Konsens in fünf Schritten*, https://doi.org/10.1007/978-3-658-49133-8_17

Damit will ich sagen: „Ich sitze im Ausguck. Ich weiß, was ich tue. Wenn es so weit ist, etwas zu ändern, werde ich es erkennen."

Woran ich es erkenne, erfahren Sie im folgenden Kapitel. Doch bevor wir uns dem Ende der Materialsammlung zuwenden, möchte ich einen seltenen Sonderfall ansprechen, an den Sie gewiss auch schon gedacht haben:

Können persönliche Angriffe auch zu weit gehen?

Auf Harmonie angelegte Führungskräfte haben an dieser Stelle die Sorge, der Streit könne zur dauerhaften Belastung der Zusammenarbeit im Team führen. Das Schlimmste müsse man verhindern. Allzu grobe Verletzungen gelte es zu unterbinden. Leider ist diese Befürchtung manchmal berechtigt. Selbstverständlich kann es zu weit gehen! Dies muss, wenn irgend möglich, unterbunden werden – aber nicht durch besänftigende oder zudeckende Interventionen der Teamleitung!

Denn die Ursache solcher Eskalationen liegt keinesfalls in der radikalen Öffnung der Diskussion, sondern in ungeklärten Konflikten innerhalb des Teams: Teammitglieder können ihre Streitereien oder Antipathien austragen, indem sie das Sachthema dazu missbrauchen. Eine Einigung in der Sache ist dann tatsächlich unmöglich, denn damit fiele ja auch gleichzeitig eine Entscheidung im persönlichen Konflikt. Hier liegt der Hund begraben!

Der Prozess der Konsensbildung setzt hinreichend gute und geklärte Beziehungen unter den Teammitgliedern voraus. Klare Sprache im Team, Transparenz und gegenseitige Unterstützung sind nur dann möglich, wenn die immer wieder auftretenden internen Konflikte zwischen den

H. W. Becker, *Zum Konsens in fünf Schritten*, https://doi.org/10.1007/978-3-658-49133-8_18

Mitspielern frühzeitig angesprochen und beigelegt werden. Wer im Team gemeinsames Handeln begünstigen will, muss darüber wachen, dass die Teammitglieder mit ihren Zwistigkeiten untereinander fertig werden. Geschieht dies nicht, muss der Teamchef eine Aussprache herbeiführen und den Konflikt zur Klärung bringen und zwar noch vor Beginn eines Einigungsprozesses!

Dulden Sie keinen Dauerstreit in Ihrem Team. Wenn es Ihnen und den Betroffenen nicht gelingt, mit einer Aussprache die Zwietracht beizulegen, dann müssen Sie die Streithähne voneinander trennen. Erzwingen Sie es nicht, dass Menschen miteinander zusammenarbeiten müssen, die nicht zusammenarbeiten wollen. Ein solches Drama vergiftet die Atmosphäre. Schwelbrände dauerhaften Missmuts erfassen auch die anderen im Team und legen sich wie Blei auf die Schultern. Zwangsläufig nimmt die Produktivität der Mannschaft Schaden.

Der Option der Trennung sollten Sie sich stets bewusst bleiben. Es gibt Situationen, in denen eine Trennung der Streitenden nicht nur wirtschaftlich sinnvoll, sondern auch menschlicher ist, als wenn sich beide auf Dauer das Leben schwermachen.

Freilich sollten Sie dann einen einvernehmlichen Weg zur Trennung beschreiten, ist doch die Unverträglichkeit von Menschen eine Tragik, an der die Beteiligten selbst wenig ändern können und die deshalb niemandem zum Vorwurf gemacht werden sollte.

Werden Sie mitten in einer Diskussion von derartig tiefen Konflikten in Ihrem Team überrascht, entsteht zwangsläufig ein Eklat, der alle Einigungsversuche blockiert. Zögern Sie dann nicht: Brechen Sie den Workshop ab, klären Sie zuerst den Konflikt zwischen den unversöhnlichen Teammitgliedern im kleinen Kreis und rufen die Workshopteilnehmer erst danach wieder zusammen, um die Arbeit fortzusetzen. Je unerschrockener Sie handeln, desto deutlicher erkennen Ihre Mitarbeiter, dass die Verantwortung für dieses ungewöhnliche Manöver nicht bei Ihnen, sondern bei den zerstrittenen Kollegen liegt.

Zum Glück sind solche unerfreulichen Situationen selten. Meistens bedeutet Beratschlagen, gemeinsam mit freudiger Aggressivität Verbesserungen oder Neuerungen auszuhecken und zum Erfolg zu führen: Unternehmungslust im wahrsten Sinn des Wortes.

Das Wichtigste zur Diskussionsphase in Kürze

Wenn Sie aus Einzelkämpfern eine Mannschaft machen wollen, dann müssen Sie Gruppendiskussionen zu einem Resultat führen. Fürchten Sie nicht das Drunter und Drüber solcher Diskussionen, denn erst dadurch kommen alle Gesichtspunkte der Entscheidung auf den Tisch. Und erst im Chaos entstehen neue Ideen.

- Klären Sie vorher die Konflikte im Team.
- Nehmen Sie sich Zeit.
- Ertragen Sie geduldig den zaudernden Beginn.
- Bleiben Sie im Hintergrund.
- Lassen Sie das Chaos zu und ernten Sie viele Ideen.
- Ertragen Sie die Ungewissheit.
- Sichern Sie die anfallenden Zwischenergebnisse.

Daneben beachten Sie die Stimmung in der Gruppe. Denn nach und nach baut sich eine Spannung auf. Die Stimmung innerhalb der Gruppe verdichtet sich gegen Ende der Diskussionsphase. Die Entscheidungsfindung rückt näher, gleich müssen Sie zupacken.

3. Schritt: Der Magische Moment

Wie Sie im Magischen Moment den Sack zumachen

Wann ist genug geredet? Welche Führungskraft hat sich dies noch nicht gefragt: Wie kann ich die Debatte beenden? Es ist doch alles gesagt! Was kann ich tun, damit die rauflustige Gruppe, die mit der Lösungssuche nicht aufhören will, zur Sachlichkeit findet? Wie lässt sich der Kampfgeist vertreiben, damit Nüchternheit und Besonnenheit einkehren? Im vorherigen Kapitel hieß es, die chaotische Mannigfaltigkeit fördere die Kreativität. Ordnung sei gar nicht anzustreben. Aber wann ist genug geredet? Und wie lässt sich der Gefühlszustand der Beteiligten verändern? In diesem Kapitel werde ich beide Fragen beantworten.

> Diskussionen, die auf eine Problemlösung zielen, haben einen Spannungsbogen. Die Stimmung im Raum verdichtet sich mehr und mehr und läuft auf einen Gipfelpunkt zu, den ich „Magischer Moment" nenne.

Jede auf eine Lösung zielende Diskussion kommt an diesen Punkt. Ja, wirklich *jede* Diskussion. Immer. Der Magische Moment ist ein verlässliches Phänomen. Das sollten Sie wissen und darauf vertrauen. Und Sie

© Der/die Autor(en), exklusiv lizenziert an Springer Fachmedien Wiesbaden GmbH, ein Teil von Springer Nature 2025
H. W. Becker, *Zum Konsens in fünf Schritten*,
https://doi.org/10.1007/978-3-658-49133-8_19

müssen warten können, bis der Augenblick eintritt, um ihn dann zu nutzen, und zwar mit aller Entschiedenheit. Dies ist der Augenblick des Machthabers oder der Machthaberin.

Wurde der Magische Moment erfolgreich genutzt, dann entspannt sich die Atmosphäre meist schlagartig: „Die Luft ist raus." Und dies ist der Moment, in dem die Entscheidungsfindung beginnt. Nicht vorher, nicht nachher, sondern im Magischen Moment. Hier kann und hier muss „der Sack zugemacht" werden.

Wie schon im vorangegangenen Kapitel beschrieben, hat die Diskussion zwei Phasen – die Diskussionsphase zum Sammeln von Argumenten und die eigentliche Entscheidungsphase. Der Magische Moment ist der Übergang von der Diskussionsphase in die Entscheidungsphase. In der Diskussionsphase herrscht eine kämpferische Atmosphäre, die in der Entscheidungsphase schadet. Dann sind Sachlichkeit, Nüchternheit und „Abstand" hilfreich. „Ich hätte die Lösung A bevorzugt, aber nach allem, was wir besprochen haben, sehe ich ein: Lösung B ist besser." Wer so denkt, hat sich zur besseren Lösung „durchgerungen".

> Im Magischen Moment findet also ein „Wechsel der Gefühlslage" statt: Die Rauflust weicht und macht Platz für *Nüchternheit*.

Erst in dieser Gefühlslage können die Menschen aufeinander zugehen. Das Kunststück, diesen Wechsel zu bewirken, müssen Sie beherrschen, wenn bei Ihren Teamentscheidungen Vernunft walten soll. Eine wirksame Gesprächsleitung im Magischen Moment greift ins Gefühlsleben der Teammitglieder ein. Und diese Einwirkung fördert das gewünschte kooperative Klima. Es ist ein kleines Kunststück, diese Wirkung zu erzielen, es ist die Kunst des Augenblicks. Dazu empfehle ich Ihnen nun eine kleine Übung:

Übung

Vielleicht wäre es Ihnen lieber, sich das was ich Ihnen nun vorschlage, nur im Kopf auszumalen. Aber erlauben Sie sich doch jetzt einmal, es auch körperlich mitzuspielen.

Versetzen Sie sich zunächst *innerlich* in Ihre Kampfhaltung. Stellen Sie sich dazu am besten Ihren Lieblingsopponenten vor Ihr inneres Auge, und nun drücken Sie Ihre *innere* Haltung mit Ihrem Körper aus: vielleicht vorgebeugt, auf der vorderen Stuhlkante sitzend, bereit zum Sprung oder: zurückgelehnt, ausgestreckt mit verschränkten Armen und stechendem Blick, lauernd auf die Fehlleistung Ihres „Gegners" oder: ängstlich in sich selbst verkrochen geschützt unter einem runden Rücken. Vergegenwärtigen Sie sich die Stilelemente Ihres persönlichen Kampfverhaltens und spüren Sie die Spannung. Machen Sie es ganz so, wie es zu Ihnen passt. Und jetzt, wenn Sie am eigenen Leibe deutlich wahrnehmen, wie Sie am Kampfgetümmel teilnehmen, wechseln Sie – zuerst Ihre *innere* Haltung: Gehen Sie auf *nüchterne* Distanz, Sachlichkeit und *kühles* Abwägen, lassen Sie Ihre persönlichen Interessen zurücktreten hinter der Objektivität den Dingen gegenüber, auch wenn es unbequem ist. Überlassen Sie Ihrem Körper nun, diese veränderte Haltung auszudrücken und spüren Sie den neuen Zustand.

Wenn Ihnen diese kleine Übung gelungen ist, dann können Sie die Bedeutung der „Umstimmung der Gefühlslage" für den Einigungsprozess eines Teams ermessen und die Kunst, sie herbeizuführen würdigen. **Diese Kunst ist zunächst eine Frage des *Augenblicks*, des *Wann*. Im Magischen Moment muss die Führungskraft beherzt zugreifen: *Die Zeit ist reif.***

Es macht die Kunst einer leitenden Person aus, diesen Zeitpunkt genau zu treffen, der die diskutierenden Teammitglieder innehalten und den neuen Erfordernissen gerecht werden lässt. Wird ein zu früher Moment gewählt, bleibt die Intervention der Leitung in der Dynamik der laufenden Debatte unbeachtet. Wählt sie den Zeitpunkt zu spät, entsteht bei den Beteiligten ein Übermaß an Verdruss und dann kann es passieren, dass einige das Feld verärgert und enttäuscht verlassen.

Die griechischen Seefahrer hatten für den „richtigen Zeitpunkt" des Losfahrens oder des Kurswechsels, je nach Windverhältnissen und Strömung, ein besonderes Wort: *Kairos*. Teamleiter, die einen Gegenstand ausdiskutieren lassen wollen, ohne dass alles im Frust endet, sollten – wie die griechischen Seefahrer – auf Kairos, den richtigen Augenblick, warten, ihn aber nicht ungenutzt verstreichen lassen. Wenn der Moment da ist, dann heißt es: Zupacken!

In der Gruppendynamik heißt dieser bemerkenswerte Augenblick auch *Kulminationspunkt der Diskussion*, wurde aber nicht detailliert beforscht. Über mehrere Jahrzehnte hinweg habe ich Einigungsprozesse beobachtet. Dabei entdeckte ich genau sechs Varianten des Magischen Moments. Diese sechs Varianten werde ich nun beschreiben und zeigen, woran Sie jeweils erkennen können, dass Kairos naht und wie Sie den Augenblick beim Schopfe packen können.

Die Kunst, den Magischen Moment zu handhaben, ist also nicht nur eine Frage des Wann, sondern auch eine Frage des Wie.

Sie müssen als Teamleiter die richtigen Worte finden, denn Ihr Zupacken muss in die Situation passen, in der sich der Magische Moment zeigt. Nur dann treffen Sie die Empfindungen aller genau und die diskutierende Gruppe hält inne und denkt sich: „Ja, das stimmt. Der Chef oder die Chefin hat recht." Wenn Ihr Team so reagiert, dann entfaltet die Intervention ihre Wirkung.

Nach der Lektüre der folgenden Abschnitte werden Sie Teamdiskussionen wahrscheinlich mit ganz anderen Augen sehen und sich über einen deutlichen Gewinn an Zielführung und Steuerungsfähigkeit freuen.

Variante 1: „Die Luft ist raus"

Diesen Satz haben Sie sicher schon einmal gehört und gespürt: „Die Luft ist raus." Da schwingt eine kleine Enttäuschung mit: „Schade. Eben war die Diskussion noch interessant und spannend. Auf einmal wird's langweilig."

Eine Runde von Ingenieuren sitzt beisammen, um diese Frage zu beantworten: „Wie ändern wir die Konstruktion des Antriebs so, dass in der Fertigung Schnittstellen wegfallen?" Die Diskussion ist konstruktiv und schreitet zügig voran. Sie rankt sich um die Idee, Motor und Getriebe als Einheit zu fertigen und zu montieren und damit wesentliche Kostensenkungen zu erreichen. Immer wieder fügen die Beteiligten überraschende Gesichtspunkte hinzu. Alle sind konzentriert und engagiert bei der Sache. Kontroverse Standpunkte klären sie, ohne dass sich die Diskutanten gegenseitig auf den Schlips treten. „Wenn wir uns für ein Blechgehäuse entscheiden, dann gebe ich zu bedenken ...." Langsam nehmen drei alternative Lösungskonzepte Gestalt an. Die Arbeit neigt sich ihrem Ende zu. Nebensächlichkeiten kommen zur Sprache. Wiederholungen, die jede Debatte braucht, weil nicht alles beim ersten Mal „ankommt", beginnen sich zu häufen. „Wie gesagt, ein Gussgehäuse brächte uns deutliche Vorteile ...." Unversehens beginnen die Beteiligten sich

H. W. Becker, *Zum Konsens in fünf Schritten*, https://doi.org/10.1007/978-3-658-49133-8_20

„im Kreis zu drehen" und es kehrt Langeweile ein. Dies ist das Signal, das den Magischen Moment ankündigt, es ist noch nicht der Magische Moment selbst.

Schauen wir der diskutierenden Gruppe weiter zu. Der Leiter des Teams greift noch nicht ein. Er wartet noch einige Augenblicke, bis er auch bei den Teammitgliedern Anzeichen des Spannungsverlustes erkennt. Ein entspanntes Zurücklehnen mit herunterhängenden Armen, der schweifende Blick Einzelner an die Wände oder aus dem Fenster, die Diskutierenden sprechen nicht mehr deutlich absichtsvoll, sondern eher beiläufig, Papier wird zusammengelegt. Als er mehrere solcher Signale wahrnimmt, ist er sicher: Die Luft ist raus. Er ist nicht der Einzige, der sich langweilt. Den anderen geht es genauso und seine Intervention wird auf fruchtbaren Boden fallen.

Was könnte er nun sagen? Er will den Raum der Diskussion schließen, damit nichts zerredet wird und die Phase der Entscheidung eröffnen. Um dies zu erreichen, fasst er zuerst den bisherigen Gesprächsverlauf zusammen. Indem er so das Resultat der Diskussion vorlegt, wird diese zugleich geschlossen. Sodann: „Gut. Es scheint, als hätten wir damit alle wichtigen Gesichtspunkte erfasst. Dann wollen wir mal sehen, wofür wir uns entscheiden." Die diskutierende Gruppe kann sich neu orientieren: Schluss mit dem Wettbewerb der Ideen, die Gefühlslage wechselt. Jetzt beginnt der gemeinsame Entscheidungsprozess.

Zugegeben, dies war kein großes Kunststück. Wahrscheinlich haben Sie es schon viele Male so gemacht. „Die Luft ist raus", das ist die anspruchsloseste Form des Magischen Moments. Leider geht es nicht immer so einfach. Zum Beispiel in der folgenden Geschichte.

Variante 2: „So kommen wir doch nicht weiter!"

In einem Workshop ging es um die Verbesserung der Zusammenarbeit innerhalb einer Abteilung. Die Mitarbeiter stritten verbissen miteinander. Im Laufe der vergangenen Monate hatte sich ein gehöriges Maß von Verbitterung angesammelt. Anfangs giftete Jeder gegen Jeden. „Klaus, nie lieferst du deine Zahlen pünktlich ab! Und ich muss hinterher die Vorwürfe einstecken." Klaus verdrehte die Augen: „Wenn du nicht immer so laut telefonieren würdest, könnte ich konzentrierter arbeiten." Verletzungen aus der Vergangenheit wurden neue Verletzungen hinzugefügt. „Schon vor drei Jahren hast du mich im Stich gelassen. Helfen ist für dich doch ein Fremdwort." „Warum soll ich dir denn helfen, ausgerechnet dir, der du Falschmeldungen über mich verbreitest!" Die Stimmung war gereizt. Die Nerven lagen blank. Im Laufe des Streits wurde einer der Kollegen als wichtigster Sündenbock „ausgewählt". „Angelpunkt aller Schwierigkeiten ist Hubert, weil „der" sich einfach nicht an unsere Vereinbarungen hält." Aus allen Richtungen trafen ihn die Vorwürfe seiner Kolleginnen und Kollegen. Doch Hubert verteidigte sich tapfer und mit klaren Gedanken. Seine Argumente schienen mir stichhaltig. Alle Mitwirkenden betrieben dieses Gefecht mit viel Energie und ich dachte bei

© Der/die Autor(en), exklusiv lizenziert an Springer Fachmedien Wiesbaden GmbH, ein Teil von Springer Nature 2025
H. W. Becker, *Zum Konsens in fünf Schritten*,
https://doi.org/10.1007/978-3-658-49133-8_21

mir, dass diese Auseinandersetzung noch lange dauern könnte, bis sie ihren Gipfelpunkt erreicht haben würde.

Doch mit dieser Vermutung lag ich völlig falsch. Der Vorgesetzte dieser Abteilung kannte seine Truppe besser als ich. Er ergriff das Wort und der Klang seiner Stimme verriet seine Betroffenheit: „Ich muss etwas sagen. Ich bin von diesem Gespräch erschüttert. Ich wusste von Spannungen unter uns. Aber dass es so schlimm ist, hatte ich nicht erwartet. Wenn wir so weitermachen, dann richten wir nur Unheil an und wir zerstören alles, was wir einmal waren. So kommen wir nicht weiter!" Im Raum wurde es augenblicklich still. Die Situation war reif für diesen Zauberspruch des Abteilungsleiters. Alle Beteiligten erschraken vor sich selbst.

In den Worten und Gesten des Vorgesetzten war nicht der geringste Vorwurf an seine Mitarbeiter enthalten. Mit keinem Wort hatte er ihr Gezänk missbilligt oder sich über die destruktive Diskussion empört. Er hatte nur sein blankes Erschrecken angesichts der vorgefundenen ernsten Lage ausgedrückt. Deshalb widersprach ihm niemand. „*So* kommen wir *nicht* weiter!" hatte er gesagt. Wie aber dann? „Lasst uns vernünftig miteinander reden." Das musste nicht mehr gesagt werden. Nüchternheit und Ernsthaftigkeit kehrten übergangslos ein. Die Mitglieder der Gruppe begannen einander zuzuhören und arbeiteten ihre „Drückepunkte" mit viel gegenseitigem Verständnis durch. So konnten sie ihre Konflikte bewältigen und beilegen. Der Abteilungsleiter hatte das richtige Gespür für Kairos. Er hatte nicht versucht, durch zu frühes Eingreifen die Hitzigkeit der Debatte zu besänftigen oder gar ihren Ausbruch zu verhindern.

„*So* kommen wir *nicht* weiter!" Diese Variante des Magischen Moments kündigt sich dadurch an, dass die persönlichen Angriffe der Teilnehmer untereinander die sachlichen Fragen der Debatte dominieren. Als Führungskraft sind Sie also früh gewarnt und haben genug Zeit, Ihre Intervention zu kreieren und auf den richtigen Augenblick zu warten. Dieser Moment tritt aber nicht ein, wenn es für *Sie* genug ist. Warten Sie so lange, bis es für *das Team* genug ist.

Ein Gruppenprozess in dieser Phase bedeutet eine schwierige Gratwanderung: Der Prozess muss bis zum Gipfel des Überdrusses reifen, ohne ihn dann allzu weit zu überschreiten.

Variante 3: „Die Lösung steht im Raum"

Vor einigen Jahren wurde ich von einem Unternehmen der Tele-kommunikationsbranche gebeten mitzuhelfen, einen krisenhaften Kulturschaden zu überwinden: Die Belegschaft litt unter Entmutigung und Angst. Sie hatte das Vertrauen in die Führung verloren. Die bis-herigen Versuche der Unternehmungsleitung, mit Reorganisation Auf-bruchsstimmung und Zuversicht zu erzeugen, waren allesamt gescheitert. Sie wurden als „Winzerfest" verspottet: „Neue Etiketten auf alte Fla-schen." Ankündigungen waren keine Taten gefolgt, Verbesserungs-programme wirkungslos versandet. Fehlende Abstimmung führte zu Un-zuverlässigkeit in Produktqualität und Termintreue. Die Bewältigung des Tagesgeschäfts erforderte fortwährend „Crash-Aktionen". Vorschläge aus der Belegschaft, wie diesem Dilemma beizukommen sei, wurden von der Führung nicht aufgegriffen. Die Stimmung, einer der wichtigsten Produktivitätsfaktoren, war im Keller.

Wie konnte diesem Unternehmen geholfen werden? Welche Maß-nahmen würden das Blatt wenden? Plausible Ideen, die Hoffnung mach-ten, waren gefragt. Und diese Ideen mussten der Belegschaft unmittelbar einleuchten.

© Der/die Autor(en), exklusiv lizenziert an Springer Fachmedien Wiesbaden GmbH, ein Teil von Springer Nature 2025
H. W. Becker, *Zum Konsens in fünf Schritten*,
https://doi.org/10.1007/978-3-658-49133-8_22

Um solche Ideen zu finden, stand mir ein Team von sechs internen Beratern zur Seite. Diesem Beratungsteam gab ich die Aufgabe, innerhalb einer Woche Vorschläge zu erarbeiten, wie dem Unternehmen zu helfen sei. Die Vorschläge müssten keinesfalls vollständig sein, auch Unfertiges sei willkommen. Ich bat für die Dauer dieser Ideensuche darum, innerhalb des Teams keine Gedanken untereinander auszutauschen, damit eine vorzeitige Angleichung der Ideen nicht stattfinden könne, sondern eine große Ideenvielfalt entstehen würde. So geschah es.

Sieben Tage später saßen wir zusammen und jedes Teammitglied trug vor, was ihm eingefallen war. Uns bot sich ein buntes Kaleidoskop an originellen Gedanken und Konzepten. Die sich daran anschließende Diskussion des Für und Wider der verschiedenen Vorschläge brachte weitere Entwürfe hervor. Unsere Aussprache fühlte sich an wie eine Fahrt in der Achterbahn. Der Wille aller, eine exzellente Lösung zu finden, prägte die Atmosphäre. Die Diskussion machte Spaß. Sie hätte noch länger andauern können. Aber plötzlich hatte ich eine „Erscheinung" vor Augen: Ich „sah" ein Konzept der moderierten Regelkommunikation, in der die Leiter der Business Units ihre Strategie mit ihren Mitarbeitern diskutieren sollten. *„Das ist es!"* schoss es mir durch den Kopf und ich erläuterte die mir erschienene Idee. Ich zweifelte nicht daran, dass solche Veranstaltungen die geeignete „Anschubmethode" wären, um den Führungsmängeln des Unternehmens auf Dauer beizukommen.

Interessanterweise war ich nicht der Einzige, der diese Eingebung hatte. Anderen Mitgliedern des Beraterteams ging es im selben Moment genauso. Wir waren schlagartig einig. Es war echte Magie, die „über uns kam". Und dieser Fall ist gar nicht so selten. Die meisten Führungskräfte kennen diesen Magischen Moment, in dem urplötzlich „die Lösung im Raum steht".

Übrigens, diese Veranstaltungsform, der wir später den Namen „Business-Dialog" gaben, erwies sich im Nachhinein tatsächlich als so wirkungsvoll, wie wir es uns erhofft hatten.

Der Magische Moment in dieser dritten Variante kündigt sich nicht an. Plötzlich steht, scheinbar mitten in der Aussprache – zwar noch unausgesprochen, aber dennoch unverkennbar – in unscharfen Umrissen die Lösung „im Raum". Sie hat sich aus der chaotischen Mannigfaltigkeit der vorangegangenen Diskussion gewissermaßen selbst herausgeschält.

Meinen Beobachtungen nach braucht dieses Phänomen aber immer eine konstruktive, solidarische Arbeitsatmosphäre. Zu viel Konkurrenz schadet dem Geist gegenseitiger Unterstützung. Zwei Kriterien kennzeichnen ein produktives Klima: eine freudig-aggressive Stimmung, die sich auf die Aufgabe richtet und die Bereitschaft der Menschen, sich gegenseitig zu unterstützen.

Natürlich besteht hier die Gefahr, dass Sie sich, Ihre Lieblingslösung ständig im Kopf, diesen Magischen Moment selber suggerieren. Dadurch droht aber kein großer Schaden, denn die Gruppe wird sich hoffentlich behaupten und Ihre „Lösung" zurückweisen. Benennen Sie jedoch die Lösung, die tatsächlich im Raum steht, herrscht unmittelbar Einvernehmen. Damit sind Sie am Ziel.

Variante 4: „Ich hab's!"

Die Erleuchtung kommt nicht immer über alle gleichzeitig. Manchmal ist es der Geistesblitz eines Einzelnen, dem in einer Diskussion plötzlich die Lösung eines vertrackten Problems erscheint. Wie aus heiterem Himmel, mitten in der laufenden Debatte mit leuchtenden Augen und fester Stimme bekundet ein Teilnehmer: „Moment mal. Ich hab's!" Und er erläutert seine Lösungsidee, die die anderen schlagartig überzeugt. Anschließend Stille. Alle sind perplex. Auch dies ist ein Magischer Moment. Den Zauberspruch, die Lösung selbst, sprach ein einzelnes Teammitglied.

Aber Vorsicht ist geboten. Aus der allseitigen Verblüffung, die alle verstummen lässt, dürfen Sie keinesfalls schließen, das Team stimme zu. Die vorgeschlagene Lösung ist sorgfältig zu prüfen. Um die Diskussionsphase abzuschließen, müssen Sie das Team aus der Sprachlosigkeit herausholen und das neue Thema aufwerfen. Beispielsweise so: „Das klingt gut. Lasst uns diese Idee noch mal abklopfen. Kann das gehen? Haben wir die Lösung? Oder spricht noch irgendetwas dagegen?" Entweder machen sich die anderen Teammitglieder in der nachfolgenden Auseinandersetzung die Lösung zu eigen oder sie entdecken einen Trugschluss und verwerfen sie. Schließlich ist nicht jeder Geistesblitz genial.

H. W. Becker, *Zum Konsens in fünf Schritten*, https://doi.org/10.1007/978-3-658-49133-8_23

Gewinnt jedoch die schlagartig aufgetauchte Idee eines Einzelnen die Zustimmung der anderen, dann sind meist alle begeistert. Zu Recht, denn tatsächlich waren alle beteiligt: Ohne das chaotisch mannigfaltige Milieu der vorangegangenen Debatte wäre die Lösungsidee nicht aufgekommen. Niemand kann mit Recht behaupten: „Das war meine Idee." Denn es war „unsere Idee".

Variante 5: „Es ist alles gesagt. Aber wie entscheiden wir nun?"

Der Hardware-Service hatte im Winter Hochkonjunktur, der Software-Service im Sommer – schlecht für die Kapazitätsauslastung der beiden Service-Abteilungen. Um diesen misslichen Umstand zu beseitigen, wurde in einem IT-Unternehmen daran gedacht, beide Bereiche zusammenzulegen und die Mitarbeiter für Hard- *und* Software zu qualifizieren. Das würde die Kapazität gleichmäßig auslasten und die Kosten senken. Damit diese einfache Idee in der Praxis funktionieren konnte, war die aktive Unterstützung der betroffenen Mitarbeiter unverzichtbar. Deshalb sollten sie mithelfen, das neue Konzept und die Umbruchphase zu gestalten.

In einer der ersten Arbeitssitzungen ging es eigentlich um die Frage, auf welche Weise die Qualifizierung der Service-Mitarbeiter gemeistert werden könnte, wie die Hardware-Mitarbeiter das Software-Know-how erwerben könnten und umgekehrt. Als die Idee einer vorübergehenden „Tandembildung" diskutiert wurde, entdeckten die Teammitglieder das ganze Ausmaß der Komplikationen, die auf sie zukamen: Welchen Kollegen bekomme ich zum gegenseitigen Fortbilden? Ist er tüchtig? Passen wir menschlich zusammen? Wie wird sich mein Kundenkreis ändern? Steht mein Wohnort auf dem Spiel? Wer wird mein Chef? Kann ich das

© Der/die Autor(en), exklusiv lizenziert an Springer Fachmedien Wiesbaden GmbH, ein Teil von Springer Nature 2025
H. W. Becker, *Zum Konsens in fünf Schritten*,
https://doi.org/10.1007/978-3-658-49133-8_24

überhaupt? Wie lange dauert die Lernphase? Gibt's mehr Geld? Werden Leute eingespart? Und, und, und. Eine Gemengelage aus persönlichen Befürchtungen und Hoffnungen sowie technischen und organisatorischen Sachfragen tat sich auf. Die „Tandemlösung" war nur eine der angedachten Möglichkeiten. Die Sitzung war eine extensive Sammlung von Problemen, die einer Lösung bedurften und als solche sehr fruchtbar. Am Ende besaßen wir ein nahezu vollständiges Probleminventar.

Aber die Menge der Informationen, die auf dem Tisch lagen, schien schier unverarbeitbar. Ratlosigkeit machte sich breit angesichts dieser Flut von Fakten – Verwirrung in den Köpfen, Erschöpfung in den Gliedern. Instinktiv nahm der Vorgesetzte des Service-Bereichs diese Stimmung auf und dankte den Beteiligten zunächst für ihren wertvollen Beitrag, den sie soeben geleistet hatten. Und dann sagte er diese Worte: „Offensichtlich ist alles gesagt, aber wie entscheiden wir nun? Ich werde zuerst alle genannten Punkte in Themenkomplexen sortieren. Zur nächsten Sitzung lege ich das Ergebnis vor und dann entscheiden wir, welchen Weg wir grundsätzlich gehen werden. Dann erst lösen wir Punkt für Punkt die damit verbundenen Detailfragen." Mit diesen Sätzen half er der Gruppe, den Wechsel der Gefühlslage zu vollziehen, raus aus der Sorge und der Suche nach Problemen, rein in die Entscheidungsphase. Zuversicht konnte wieder einkehren.

Dem Magischen Moment der Variante „Es ist alles gesagt. Aber wie entscheiden wir nun?" geht fast immer eine Diskussion mit besonders großer Faktenfülle voraus. Die aufkommende Ermüdung und das Gefühl, die Dinge wüchsen einem über den Kopf, sind die Vorzeichen von Kairos. Manchmal sind die Kräfte so weit verbraucht, dass an den Beginn der Entscheidungsphase im Moment nicht mehr zu denken ist. Versäumen Sie aber nicht, den Wechsel der Gefühlslage noch herbeizuführen. Beschließen Sie die Teamsitzung nicht im Zustand der Überforderung. So gelingt Ihnen das Kunststück, dass die nächste Sitzung den Prozess auf einer fortgeschrittenen Stufe wieder aufgreift und mit Schwung und Zuversicht beginnt.

Variante 6: Plötzlich Stille – „Und was jetzt?"

Die letzte Variante des Magischen Moments ist so unauffällig, dass sie leicht übersehen wird. Dabei begegnen wir ihr gar nicht so selten: Eine Projektgruppe ist im Gespräch vertieft. Seit einer halben Stunde widmen sich die Akteure hoch konzentriert dem Thema. Plötzlich, völlig unerwartet, ohne das geringste Zeichen irgendeiner Ankündigung reißt das Gespräch in der Gruppe jäh ab.

Auf einmal: Stille.

Gesenkte Blicke scheinen ziellos irgendetwas zu suchen, das Schweigen wirkt ratlos und verlegen. „Und was jetzt?"

Dieser Moment ist sehr kurz, kaum zwei, drei Sekunden lang. Und wenn Sie in diesem Moment nicht zupacken, beginnt ruckzuck das belanglose Zerreden, um diese peinlich empfundene Leere schnell mit nebensächlichen Worten zu füllen. Die Peinlichkeit ist so intensiv, dass die Beteiligten sich noch Stunden danach an diesen Augenblick erinnern können, wenn sie darauf angesprochen werden.

© Der/die Autor(en), exklusiv lizenziert an Springer Fachmedien Wiesbaden GmbH, ein Teil von Springer Nature 2025
H. W. Becker, *Zum Konsens in fünf Schritten*,
https://doi.org/10.1007/978-3-658-49133-8_25

Wegen seiner Aufdringlichkeit kann man diesen Moment nicht übersehen, aber kaum jemand weiß damit umzugehen. Seine Bedeutung ist weitgehend unbekannt. Die Ursache dieses Phänomens liegt darin, dass die Gruppe so urplötzlich mit dem Gespräch zu Ende kam. „Das war's." Es ist alles gesagt. Schluss. Die eben noch in der Diskussion intensiv verwickelten Menschen sind verblüfft und etwas geschockt, weil niemand diesen Augenblick kommen sah. Kairos. Ein Kurswechsel steht an. Die Führung ist gefordert, die Entscheidungsphase einzuleiten und den Wechsel der Gefühlslage zu initiieren.

Ihre Intervention muss zwei Botschaften enthalten. Sie muss ein Signal zur Beendigung der Diskussion setzen und die Entscheidungsphase eröffnen: „Danke. Nun müssen wir nur noch entscheiden, welche Alternative wir wählen."

Oder, wenn die Gruppe vor dem Magischen Moment schon bis zur einmütigen Entscheidung gelangte: „Prima. Damit haben wir alles beisammen. Bleibt nur noch festzuhalten, wer was bis wann zu tun hat."

Oder, wenn der diskutierte Sachverhalt noch detailliert bearbeitet werden muss: „Toll soweit! Dann lasst uns mal an die Einzelheiten gehen …."

Da Sie blitzschnell in diese kleine Denkpause des „Und was jetzt?" hinein intervenieren müssen, trifft es sich gut, dass Sie die Beendigung der Diskussion mit nur einem einzigen Wort signalisieren können: „Danke!" „Prima!" oder „Das war's." Da ist keine Filigranarbeit nötig. Nur spontanes Zugreifen.

Die überragende Bedeutung der Softfacts

Nachdem Sie nun die sechs Varianten des Magischen Moments kennengelernt haben, könnten Sie meinen, Kairos sei leicht zu erkennen. Schließlich beschreiben die Beispiele eine Reihe objektiv beobachtbarer Tatsachen, die Ihnen obendrein aus Ihrer Lebenserfahrung – mindestens teilweise – schon bekannt waren. Doch die simple Darstellung täuscht eine Einfachheit vor, die Sie in der praktischen Anwendung leider nur selten wiederfinden werden. Warum ist das so?

Immer wieder beobachte ich, dass Führungskräfte den Blick bevorzugt auf die sachlichen Aspekte der Diskussion richten, auf die organisatorischen, produktspezifischen und finanziellen Fragen. Das sind die „Hardfacts". Keine Frage, dieser Blickwinkel ist wichtig und eine Führungskraft wäre leichtsinnig, ihn zu vernachlässigen. Zusätzlich gilt es jedoch, die Stimmungen, die Verhaltensweisen und Gesten, die Signale über das Befinden der Beteiligten wahrzunehmen und diese sogenannten „Softfacts" einzubeziehen. Deshalb rate ich Ihnen, schenken Sie den Softfacts besondere Beachtung! Es sind fast immer diese verdammten Softfacts, wenn die Hardfacts scheitern. Für Menschen unserer Zeit ist es bisweilen schwer zu ertragen, subjektive Empfindungen als bedeutsame Tatsachen gelten zu lassen. Aber es hilft nichts.

H. W. Becker, *Zum Konsens in fünf Schritten*, https://doi.org/10.1007/978-3-658-49133-8_26

Der Magische Moment, der Gipfelpunkt des Spannungsbogens, ist vor allem ein atmosphärisches Phänomen, etwas in der Luft Liegendes, subjektiv spürbar aber objektiv nicht nachweisbar.

Nur wer – neben der selbstverständlich vorhandenen Kompetenz in der Sache – im Magischen Moment über Handlungsfähigkeit verfügt, kann die Mannschaft zur gemeinsamen Entscheidung führen.

Manchmal werde ich gefragt, ob es einen Weg gibt, das Eintreten des Magischen Moments zu beschleunigen. Manche Manager treten buchstäblich mit festen Terminvorstellungen auf mich zu: „Wir müssen aber bis heute Abend eine Lösung haben!" Mit strenger Stimme und herausforderndem Blick wollen sie das Unmögliche. Und zwar sofort. Der eingeschüchterte Mitarbeiter traut sich nicht zu widersprechen. Der Manager will Erfolg, schürt aber destruktive Angst. Zusätzlich schafft er eine Atmosphäre der Hast und am Ende kommt doch nur das heraus, was möglich war. Mitarbeiter unter diesem Druck sind nicht mit Freude bei der Sache. Ihre Leistungsfähigkeit ist eingeschränkt.

Werde ich mit einem derartigen Ansinnen konfrontiert, dann verneine ich bedauernd: „Es würde mich freuen, wenn wir das erreichen. Versprechen kann ich das nicht." Einiges hat der Mensch *nicht* in der Hand. Dazu gehört Kairos. Stellen Sie anspruchsvolle Forderungen, aber bleiben Sie im Rahmen des Möglichen.

Die wichtigen Elemente dieses Kapitels waren der Spannungsbogen mit seinem Gipfelpunkt, dem Magischen Moment und der Wechsel der Gefühlslage. Abb. 1 zeigt das Zusammenspiel dieser Elemente als Diagramm.

Der Unkundige ist von den Softfacts verwirrt. Aber die Abbildung zeigt: Das Feld der Softfacts enthält nur wenige Elemente. Und diese Elemente stehen in einer einfachen, klaren Ordnung zueinander. Trotzdem bedarf es einiger Übung, bis es in Fleisch und Blut übergegangen ist, die Zeichen der Situation zu erkennen, in der Hitze des Gefechts den Magischen Moment treffsicher zu erspüren und zielgerichtet zu intervenieren.

Zum Schluss noch ein korrigierender Hinweis: Der Einfachheit halber habe ich bisher immer die Führungskraft dafür verantwortlich gemacht, dass sie den Magische Moment nutzt und entsprechend interveniert.

Der Magische Moment
Wechsel der Gefühlslage

Die Luft ist raus!

So kommen wir
doch nicht weiter!

Die Lösung steht im
Raum!

Ich hab's!

Es ist alles gesagt,
aber wie entschei-
den wir nun?

Diskussionsphase
kämpferisch
chaotisch

Entscheidungsphase
nüchtern
sachlich

Plötzlich Stille –
Und was jetzt?

Spannungsbogen

Zeit

Abb. 1   Die Ordnung der Softfacts einer Teamentscheidung

Nun füge ich hinzu: Das muss nicht immer so sein! Recht häufig sogar ergreift ein Teammitglied – instinktiv – das richtige Wort zur rechten Zeit und bewirkt den so wichtigen Wechsel der Gefühlslage. Auffallend oft sind es Frauen, die mit ihrem Gespür für Stimmungen und integrierenden Worten diese Aufgabe lösen. Der Führungskraft fällt dadurch kein Zacken aus der Krone. Aber sie bleibt dafür verantwortlich, dass der Magische Moment genutzt wird – ganz gleich durch wen.

Das Wichtigste zum Magischen Moment in Kürze

Brechen Sie Diskussionen nicht vorzeitig ab und lassen Sie sie auch nicht randlos ausufern. Beobachten Sie Ihre Teammitglieder und beachten Sie die Stimmung im Raum, sodass Sie den Magischen Moment erkennen. In diesem Moment können Sie die Diskussionsphase abschließen und die Entscheidungsphase einleiten. So kehren Nüchternheit und sachliche Distanz ein und schaffen damit eine wichtige Voraussetzung dafür, dass sich das Team auf einen Konsens einigt.

Hier noch einmal die sechs Varianten des Magischen Moments:

- „Die Luft ist raus."
- „So kommen wir doch nicht weiter!"
- „Die Lösung steht im Raum."
- „Ich hab's!"
- „Es ist alles gesagt, aber wie entscheiden wir nun?"
- Plötzlich Stille – „Und was jetzt?"

Die Diskussionsphase ist abgeschlossen. Die Argumente liegen auf dem Tisch. Mehrere Lösungsalternativen stehen zur Auswahl. Nun geht's ans Entscheiden.

4. Schritt: Entscheiden

Wie Sie gemeinsame Entschlüsse herbeiführen

Die Entscheidungsphase ist im Verlauf des Einigungsprozesses die einfachste Etappe. Hier fühlen sich die meisten Führungskräfte wohl. Das Material der Entscheidung liegt auf dem Tisch. Es muss nur noch geordnet und bewertet werden.

Beim Beratschlagen in der Diskussionsphase hielten Sie sich im Hintergrund auf. Nun aber, in der Entscheidungsphase, übernehmen Sie deutlich die Leitung des Gesprächs. Ihre Aufgabe als Teamchef besteht jetzt darin, mit einer moderierenden Gesprächsführung für thematische Ordnung zu sorgen und gleichzeitig die Stimmung in ganz besonderer Weise zu beeinflussen.

© Der/die Autor(en), exklusiv lizenziert an Springer Fachmedien Wiesbaden GmbH,
ein Teil von Springer Nature 2025
H. W. Becker, *Zum Konsens in fünf Schritten*,
https://doi.org/10.1007/978-3-658-49133-8_27

Die überragende Kraft des guten Willens

Diese Erfahrung haben Sie sicher schon oft gemacht: Eine gemeinsame Entscheidung zustande zu bringen, ist eine höchst einfache Angelegenheit, wenn die beteiligten Teammitglieder „guten Willens" sind. Auch ohne besondere Führungskunst erreichen Sie dann ein einwandfreies Resultat. Ganz anders sieht es aus, wenn der gute Wille nicht vorherrscht, wenn die Beteiligten mehr an ihren eigenen Vorteil denken, als an die gemeinsame Sache. Oder wenn sie den anderen nichts gönnen und unfähig sind, zugunsten einer besseren Lösung Verzicht zu üben. Dann ist es auch mit geschickter Führung schier unmöglich, einen Beschluss zu fassen, den alle mittragen.

> Der gute Wille der Teammitglieder entscheidet über Gelingen oder Scheitern der Einigungsbemühungen.

Diese Erkenntnis mag überraschen, denken wir doch im Zusammenhang mit Entscheidungen bevorzugt an Sachargumente und deren Gewichtung. Und plötzlich soll so ein wachsweicher Gegenstand wie der

© Der/die Autor(en), exklusiv lizenziert an Springer Fachmedien Wiesbaden GmbH, ein Teil von Springer Nature 2025
H. W. Becker, *Zum Konsens in fünf Schritten*,
https://doi.org/10.1007/978-3-658-49133-8_28

gute Wille eine solch herausragende Bedeutung haben? Tatsächlich ist in meiner 25-jährigen Praxis als Managementberater kein einziges Mal ein Entscheidungsprozess an einem Mangel an Entscheidungsmethodik gescheitert. Ich kann mich an keine Situation erinnern, in der eine Entscheidungstheorie oder irgendein noch so raffiniertes Entscheidungsverfahren geholfen hätte, dass die Menschen aufeinander zugegangen sind. Die Schwierigkeiten entstanden *immer* und *nur* aus einem Mangel an gutem Willen. Das ist der Grund dafür, dass ich ihn in den Mittelpunkt dieses Kapitels stelle: Das Problem des Entscheidens im Team ist primär ein Problem des guten Willens. Wenn das aber so ist, dann müssen wir uns fragen, wie wir den guten Willen wecken und seine Ausbreitung fördern können.

Es ist natürlich vor allem eine Frage der Kinderstube, aus der die Beteiligten einer Diskussion kommen und daher über mehr oder weniger guten Willen zur Verständigung mit anderen Menschen verfügen. Aber was kann die Teamleitung tun, um am Ende der Diskussionsphase diese Bereitschaft zu fördern?

Wie wächst der gute Wille?

Den ersten Schritt, um den guten Willen hervorzurufen, haben Sie bereits im vorigen Kapitel *Zupacken* kennengelernt: Indem Sie die Diskussionsphase beenden und zur Entscheidungsfindung aufrufen, bewirken Sie bei den meisten Teammitgliedern den Wechsel der Gefühlslage: Raus aus dem Kampfgeist, rein in die Besonnenheit. Das hat die Atmosphäre bereits deutlich entspannt. Die größere Zahl der Beteiligten lässt sich von dieser Stimmung anstecken und beginnt zu kooperieren. Unter ihnen herrscht ein Geist „vernünftigen Aufeinanderzugehens".

Dieser Geist erfasst aber anfangs noch nicht alle. Zu Beginn der Entscheidungsphase haben wir es mit einer uneindeutigen Situation zu tun. Die meisten suchen bereits die beste Lösung und stellen ihre persönlichen Interessen zurück. Einige jedoch kleben noch immer in der Diskussionsphase fest und lassen sich – mehr oder weniger offen – von ihren Eigeninteressen leiten. Ihr Kampfgeist glüht noch. Sie brauchen Zeit zur Umgewöhnung.

Wer diese gruppendynamische Dramaturgie durchschaut, kann ruhig abwarten und zusehen, wie ein Teilnehmer nach dem anderen zu kooperativen Verhaltensweisen findet, ohne dass es einer Intervention be-

H. W. Becker, *Zum Konsens in fünf Schritten*, https://doi.org/10.1007/978-3-658-49133-8_29

darf. Der Druck der Stimmung, es doch mit Vernunft zu versuchen, wirkt spürbar auf alle.

Schon das sachliche und verständnisvolle aufeinander Eingehen der anderen übt einen massiven Druck auf die „Nachzügler" aus, weil sie spüren, dass sie sich mit ihrer – in diesem Stadium destruktiven – Handlungsweise isolieren. Am Ende ist es peinlich, zu den letzten verstockten Egoisten zu gehören.

Manchmal gibt es noch ein, zwei hartleibige Kampfhähne, die sich nicht konstruktiv an der Lösungssuche beteiligen. „Wenn Ihr das so entscheidet, dann kann ich die bisherigen Termine nicht halten. Dann bricht hier einiges zusammen." Wenn dies erkennbar ein vorgeschobenes Argument ist, dann nutzen Sie die Gunst des Augenblicks und nehmen sich den Kandidaten zur Brust: „Lieber Herr Stadler, alle hier bemühen sich um eine gute und gemeinsame Lösung. Allein Sie verfolgen noch Ihre eigenen Interessen. Haben Sie denn gar keinen guten Willen?" Dieser gezielte Stich in die Rippen von Herrn Stadler wird ihn über sich nachdenken lassen. Vielleicht tut er äußerlich so, als würde diese Kritik an ihm abprallen. Innerlich entfaltet Ihr Hinweis aber seine Wirkung, und die so angestoßene Selbstbesinnung wird in den meisten Fällen zu einer Korrektur des Verhaltens führen.

Gewöhnlich stellt sich nach kurzer Zeit Sachlichkeit und Nüchternheit ein, während die Gruppe das auf dem Tisch liegende Material ordnet. „Was wäre unter den jetzigen Umständen das Vernünftigste?" Es gilt, die Vor- und Nachteile der verschiedenen Optionen kühl abzuwägen und sich zu einem Konsens durchzuringen, nicht nur zu einem bequemen Kompromiss als kleinstem gemeinsamen Nenner.

Der Entschluss braucht einen Spielraum

Goethe machte zu dieser Situation eine kluge Anmerkung: „Man frage nicht, ob man ganz und gar übereinstimmt, sondern ob man in einem Sinne verfährt." (Johann Wolfgang v. Goethe, Nr. 893) Es gehe zunächst also keineswegs darum, einen detaillierten, starren Plan aufzustellen. Details können offenbleiben. Der Konsens umreißt die Idee oder den Handlungsplan nur grob. So entsteht für die Beteiligten ein Spielraum, den sie selbstständig ausgestalten können und der ihnen erlaubt, vor Ort eigene Entscheidungen „im gemeinsamen Sinne" zu treffen.

> Vom gemeinsamen Sinn geht eine Integrationskraft aus, die in der Lage ist, die persönlichen Interessen Einzelner in gewissem Ausmaß zu überspielen.

© Der/die Autor(en), exklusiv lizenziert an Springer Fachmedien Wiesbaden GmbH, ein Teil von Springer Nature 2025
H. W. Becker, *Zum Konsens in fünf Schritten*,
https://doi.org/10.1007/978-3-658-49133-8_30

Nicht jeder kann gewinnen

Während dieser Phase der Aussprache kündigt sich das spätere Ergebnis in seinen Teilaspekten Stück für Stück an. Langsam erkennen alle, worauf es wohl hinauslaufen wird. Und das gibt jenen Teammitgliedern, die mit ihren Ideen und Zielen nicht zum Zuge kamen Gelegenheit, ihre „Niederlage" oder ihren Verzicht im Stillen zu verarbeiten.

Machen wir uns nichts vor, fast immer profitieren einige Teilnehmer von der verabredeten Lösung mehr als andere – und die letzteren müssen damit fertig werden. Gerne spricht man heute von sogenannten Winwin-Lösungen. Damit sind Lösungen gemeint, bei denen alle gewinnen und niemand verliert. So etwas kommt manchmal tatsächlich vor, das schon. Aber es ist eine seltene Ausnahme.

Für jene, die angesichts des Resultats der Auseinandersetzung einen echten Verlust erleiden, sind Kompensationen zu suchen. Das können Vorteile oder Zugeständnisse sein, die in die Situation passen. Das kann aber auch die versprochene Aussicht auf ein „nächstes Mal" sein, bei dem andere ein Opfer zu bringen haben. Befrieden Sie auf diese Weise die Verlierer und helfen Sie ihnen, mit dem Ergebnis zu leben. „Herr Kubitzki, Ihre Vorschläge gingen in eine ganz andere Richtung. Wie sehen Sie die Sache jetzt? Können Sie mit der Lösung leben?"

© Der/die Autor(en), exklusiv lizenziert an Springer Fachmedien Wiesbaden GmbH, ein Teil von Springer Nature 2025
H. W. Becker, *Zum Konsens in fünf Schritten*,
https://doi.org/10.1007/978-3-658-49133-8_31

Am Ende kristallisiert sich die einvernehmliche Lösung heraus, von der man erwarten darf, dass sie auch gemeinsam getragen wird. Damit ist die Entscheidung gefallen. Die Besiegelung des Konsenses im Sinne eines grob umrissenen Handlungskonzeptes ist gelungen. Erleichterung und allgemeine Genugtuung kehren ein.

Der Appell an den guten Willen ist höchst einfach und zugleich erstaunlich effektiv. Verwenden Sie den Begriff „guter Wille" deshalb sparsam, damit er sich nicht abnutzt.

Das Wir-Gefühl kommt auf

„Ja, so machen wir das!" In dem Moment, in dem die Beteiligten „eines Sinnes" werden, finden sie sich in einer gemeinsamen Situation, in einem Boot: nach innen vereint in einem Entschluss und einer gemeinsamen Atmosphäre, abgehoben von „den anderen". Sie spüren das Wir-Gefühl. Dieses fantastische Gefühl packt alle. Die Schlacht ist geschlagen. Zuversicht macht sich breit. Am Ende der Entscheidungsphase herrschen im Idealfall Wonne und Hochstimmung. Für die Bildung der gemeinsamen Situation und die Stärkung des Teamgeists ist die Besiegelung der gemeinsamen Absicht ein wichtiger Augenblick. „Wir sind uns einig. Das ist es." Das Wir-Gefühl ist ein gemeinsam empfundener Stolz und zugleich eine eindeutige Selbstverpflichtung aller Beteiligten.

> Der Moment der Einigung, dieser kurze Augenblick, in dem die gemeinsame Absicht klar ist, das ist der „Urknall" des Wir-Gefühls.

© Der/die Autor(en), exklusiv lizenziert an Springer Fachmedien Wiesbaden GmbH, ein Teil von Springer Nature 2025
H. W. Becker, *Zum Konsens in fünf Schritten*,
https://doi.org/10.1007/978-3-658-49133-8_32

Dieser meist wonnevolle Augenblick verdient Würdigung und eine angemessene Feier der Besiegelung. Verhindern Sie, dass das Team gleich danach geschäftig auseinanderläuft. Kosten Sie den Erfolg aus und ziehen Sie diesen herrlichen Moment des Stolzes in die Länge. Mit jedem Konsens wächst Ihr Team – je nach Tragweite des Beschlusses und Schwierigkeit seines Erringens – ein ganzes Stück weiter zusammen. Die Vorstellung vom „einen Boot", in dem „wir alle sitzen", wird so Wirklichkeit und ist nicht nur ein Spruch.

Später, wenn alle vereinzelt ihren Aufgaben nachgehen, möglicherweise räumlich weit voneinander getrennt, in bisweilen schweren Zeiten, hat dieses Gefühl Bestand und sorgt für Zusammenhalt und gegenseitige Unterstützung. Das Sich-Zusammenraufen war der Preis, der Teamgeist ist der Lohn.

Wenn die Kräfte unentschieden bleiben – was dann?

Die Bemühungen um einen Konsens können scheitern! Sachliche Gründe oder persönliche Interessen werden dann gern als Ursache angegeben. Immer aber ist es der Starrsinn eines oder mehrerer Beteiligten, wenn die Verständigung nicht gelingt. Wegen Starrsinn ist erst kürzlich eine Regierung gescheitert.

Kommt eine Einigung nicht zustande, dann darf die Führungskraft nicht zögern und muss die Entscheidung selbst treffen. Dabei hat sie unbedingt alle Aspekte der vorangegangenen Diskussion zu berücksichtigen. Die gemeinschaftsbildenden Effekte treten dann natürlich nicht in vollem Umfang ein. Die Gemeinschaft kann daran sogar zerbrechen.

Aber wenn die Führungskraft die Entscheidung *nicht* trifft, dann entsteht ein Macht-Vakuum. Zwangsläufig entbrennt unter den Beteiligten ein Machtkampf um die Frage, wer dieses Vakuum füllen soll. Powerplay bricht sich Bahn. Nun gilt das Gesetz des Stärkeren. Bei diesem Kampf kommt nicht nur das Sachthema unter die Räder, sondern auch die gemeinsame Atmosphäre. Noch einmal: Alle Wirbeltiere bilden Hierar-

H. W. Becker, *Zum Konsens in fünf Schritten*, https://doi.org/10.1007/978-3-658-49133-8_33

chien. Fällt das Leittier aus, wird die Benennung eines neuen Leittiers für das Rudel zur Überlebensfrage. Und da wir Menschen nun mal „Wirbeltiere" sind, zerren die biologischen Kräfte auch an uns.

Lesen Sie hierzu auch weiter hinten das Kap. *„Die Starrsinnigen auflockern"*.

Extreme Verhärtungen aufweichen

Es war eine schlimme Geschichte: Ein Mitarbeiter eines kleinen Produktionsteams für Elektronik und Metallverarbeitung sollte dessen Leitung übernehmen. Doch die Mitarbeiter dieses Teams lehnten sich gegen ihn auf, indem sie die Zusammenarbeit blockierten. Hinter den Kulissen wurde über den ehemaligen Kollegen und nun neuen Vorgesetzten gelästert und seine menschliche Qualität in Frage gestellt.

Meine Aufgabe war es, diese zum Teil verdeckte Problemsituation zunächst zu klären, um dann eine Lösung zu suchen. Zu diesem Zweck versammelte ich alle Beteiligten um einen Tisch und ließ sie ihre Beweggründe aussprechen. Anfangs hatten sich alle noch gut im Griff, es klang alles logisch, vernünftig, verständlich. Aber lange hielten meine Gesprächspartner diese Fassade nicht aufrecht und tiefe Zerwürfnisse offenbarten sich. Der neue Vorgesetzte hatte in der Vergangenheit mit unbedachten Worten bei seinen Kollegen und Kolleginnen Verletzungen verursacht, die diese ihm zutiefst übelnahmen. Kalte Ablehnung schlug ihm nun entgegen, der er hilflos gegenüberstand. Vergeblich versuchte er sich zu rechtfertigen, was alles noch schlimmer machte.

© Der/die Autor(en), exklusiv lizenziert an Springer Fachmedien Wiesbaden GmbH, **101**
ein Teil von Springer Nature 2025
H. W. Becker, *Zum Konsens in fünf Schritten*,
https://doi.org/10.1007/978-3-658-49133-8_34

Bei ihm vermisste ich jegliches Bedauern über seine Fehlleistungen. So konnte bei den Teammitgliedern keinerlei Bereitschaft aufkommen, ihm zu verzeihen und einen neuen Anfang zu machen. Die Beweglichkeit der Personen war vollständig eingeschränkt. Eine Mitarbeiterin blickte starr und verbittert zwanzig Minuten lang auf einen Fleck an der Wand. Sie war nur noch körperlich anwesend. Alle Spielräume waren versperrt. Meine Frage, ob es denn tatsächlich keinen Funken guten Willens gäbe, stieß auf ein klares, offenes Nein. Wir standen gemeinsam vor dem Nichts. Das Ausmaß des Zerwürfnisses und der Unversöhnlichkeit erschreckte alle Beteiligten und versetzte sie abrupt in stumme Ratlosigkeit.

Im Magischen Moment schienen sie unter Schock zu stehen. Ich sagte: „Diese Situation ist ganz ernst. Ich glaube, jetzt kommen wir keinen Schritt weiter. Deshalb denke ich, wir sollten alle darüber erstmal eine Nacht schlafen. Morgen um 9:00 Uhr kommen wir hier wieder zusammen und sehen, *ob* und wenn ja, *wie* es weitergehen kann." Die Runde nickte stumm und betroffen. Einige verließen den Raum verlegen und grußlos. Andere verabschiedeten sich von mir wie bei einem Trauerfall. Ich hoffte auf den nächsten Morgen. Würden diese erwachsenen Menschen ihre Starre aufrechterhalten können, wenn sie gezwungen sind, alles gründlich zu bedenken? Wird sich schließlich die Vernunft durchsetzen und einen Weg aufzeigen?

Als ich am nächsten Tag die Räume betrat, fand ich eine gänzlich veränderte Lage vor. Die verbitterte Frau von gestern begrüßte mich schüchtern und lächelnd. Mehrere hatten in der Nacht kein Auge zugetan. Alle gingen miteinander sehr vorsichtig um – fast wie mit empfindlichem Porzellan. Der gestrige Tag hatte ihnen die Augen geöffnet. Der neue Vorgesetzte übernahm die Verantwortung für die Folgen seiner leichtfertigen Worte. Alle bedauerten nun die Situation und bekundeten den Willen, einen neuen Anfang miteinander zu versuchen. Wir erarbeiteten eine Reihe von Vereinbarungen, um diesen Neubeginn zu etablieren.

Was lehrt dieses Beispiel? Sind die Tatsachen, die bei einer Entscheidung zu berücksichtigen sind, schmerzlich oder auf andere Weise schwer zu fassen, dann brauchen die Menschen Zeit zum Begreifen und zum Verdauen – und einen Anstoß, darüber nachzudenken. Unterbrechen Sie dann die Debatte. Geben Sie Zeit zur Besinnung. Der gute Wille wächst manchmal über Nacht.

Das Wichtigste zur Entscheidungsphase in Kürze

Die Entscheidung im Team muss immer zwei Ziele zugleich anstreben: Es geht einmal um die sachlich richtige Entscheidung und ebenso um die Bildung einer gemeinsamen Situation. Das Wir-Gefühl entsteht in dem Moment, in dem das Team den Konsens findet. Der Weg dahin fällt leicht, wenn die Beteiligten mit gutem Willen bei der Sache sind. Stimulieren Sie deshalb den guten Willen, indem Sie

- an den guten Willen appellieren,
- von hartleibigen Kämpferherzen Entgegenkommen fordern,
- Zeit zum Umdenken, notfalls über Nacht, einräumen,
- für einen gerechten Interessenausgleich sorgen und
- „Verlierer" befrieden.

Nun gut, schließlich ist, mit mehr oder weniger Hemmnissen, der gemeinsame Entschluss besiegelt. Aber freuen wir uns nicht zu früh. Die Absicht muss noch in die Tat umgesetzt werden. Und bei der Umsetzung warten weitere Hindernisse darauf, überwunden zu werden.

5. Schritt: Umsetzungsphase

Wie Sie das „Machen" sicherstellen

Der Entschluss ist besiegelt, die gemeinsame Absicht wurde definiert. Ich habe gezeigt, wie und warum die freie Diskussion ein unverzichtbarer Teil der Teamarbeit ist und wie sie initiiert und geführt werden kann. Diese Arbeit ist getan. Allerdings eine Hürde steht noch im Weg:

> So wertvoll die gelungene Teamentscheidung auch ist, so ist mit ihr noch gar nichts gewonnen, wenn ihr nicht die entsprechenden Taten folgen.

Deshalb möchte ich mit Nachdruck auf das Problem der Umsetzung hinweisen: Es gibt Unternehmenskulturen, in denen die Diskussionen vielfach bis zur gemeinsamen Absicht führen, aber dann passiert nicht mehr viel, alles bleibt beim Alten. Die Handlungen werden nicht initiiert und überwacht.

Die Beteiligten müssen nämlich die Wonne des Wir-Gefühls hinter sich lassen und mit der mühsamen Projektarbeit beginnen. „So viel für heute. Morgen um 9:00 Uhr treffen wir uns wieder und verteilen die Arbeit." Spüren Sie die gefühlsmäßige Engung, die solch ein Satz der

© Der/die Autor(en), exklusiv lizenziert an Springer Fachmedien Wiesbaden GmbH, ein Teil von Springer Nature 2025
H. W. Becker, *Zum Konsens in fünf Schritten*,
https://doi.org/10.1007/978-3-658-49133-8_35

Teamleitung bewirkt? Raus aus der Feierstimmung, rein in die Verantwortung. Jetzt geht es um Kompetenz, detaillierte Planung, Verlässlichkeit, Tatkraft, Pünktlichkeit, Kontrolle und, wenn es nicht anders geht, auch um Androhung und Vollzug von Sanktionen, wenn Einzelne ihren Beitrag nicht leisten. Diese Fragen sind klar zu regeln:

- Wer macht was?
- Bis wann?
- Welches Gremium überwacht die Aktionen?
- Wer trägt die Verantwortung für das Monitoring?
- Was passiert, wenn nichts passiert?

> Alles Neue im Leben eines Menschen muss eine Phase des stümperhaften Anfangens überstehen.

Haben Sie einmal ein Musikinstrument spielen gelernt? Erinnern Sie sich noch an die Zeit, als Sie lernten Auto zu fahren? Die erste Reise in ein Land, dessen Sprache Sie nicht kannten? Mit Rauchen aufgehört? Essgewohnheiten geändert? Dann wissen Sie, wovon ich rede. Widerstand stellt sich der Veränderung entgegen. Das Neue beginnt auf unsicheren Beinen. Die Gefahr zu scheitern droht und es erscheint verlockend, das Vorhaben fallen zu lassen. Der Geist ist willig, aber das Fleisch ist schwach.

Ganz ähnlich verhält es sich mit vielen Veränderungen in der Arbeitswelt. Bei der Bewältigung von Umbruchsituationen geht es zwar vorrangig ums Einfordern von verabredeten Handlungen, aber dabei sollte die Führungskraft durchaus Vorsicht walten lassen. Denn: Erstens kommt es anders, zweitens als man denkt. Manches gut gemeinte Detail war nicht tief genug durchdacht und es sind Korrekturen vorzunehmen. Neue Handlungsabläufe bedürfen der Einübung bis sie zur Gewohnheit werden. Die Führung muss die Hand am Puls des Geschehens haben und kurzfristig Hilfsmaßnahmen bereithalten und eventuelle Konzeptmängel nachkorrigieren. Dieses Monitoring gewährleistet die Teamsitzung.

> Die Teamsitzung ist das zentrale Führungsinstrument der Teamleitung.

Die eminente Bedeutung der Teamsitzung wird meist verkannt. Diesem Dilemma abzuhelfen, wird aber nicht so einfach sein, denn die Sitzungsleitung hat einen schwierigen Balanceakt zu bewältigen. Auf der einen Seite muss sie für thematische Klarheit, Struktur, Ordnung und Disziplin sorgen. Auf der anderen Seite muss sie lebendige Gruppendiskussionen initiieren, in denen auch Überraschendes zur Sprache kommen kann. Denn sonst entstehen keine neuen Ideen und die Teammitglieder scheuen die Mühe, riskante, aber möglicherweise für die Umsetzung wichtige Aussagen beizusteuern.

In den folgenden Abschnitten werde ich ein Konzept vorstellen, das hauptsächlich auf einer arbeitstechnischen Methodik beruht und trotzdem die psychodynamischen Probleme erheblich reduziert. Dieses Konzept wurde in den verschiedensten beruflichen Feldern und auf allen hierarchischen Ebenen erprobt und hat sich stets bewährt.

Die drei Ziele der Teamsitzung

1. Die Teamsitzung dient der Aktionskontrolle

Der Status aller laufenden Projekte und Aktionen muss überprüft werden. Der Verantwortliche für die Kontrolle ist die Führungskraft. Der Ort dieser Kontrolle ist die Teamsitzung und nicht das Einzelgespräch.

2. Die Teamsitzung dient der Problemerkennung

Irgendetwas geht immer schief. Menschliche Fehlleistungen, technische Pannen, Ressourcenknappheit, Planungsfehler. Nur wenn sie frühzeitig erkannt werden, bleibt noch genügend Spielraum, Schäden zu begrenzen.

3. Die Teamsitzung dient der Problembehandlung

Das gesamte Team erkennt bei der Aktionskontrolle frühzeitig die auftauchenden Probleme. So sind auch alle beteiligt, wenn es um deren Lösung geht. Die Teammitglieder können mit vereinten Kräften die Schwierigkeiten aus der Welt schaffen. Kann das Team ein Problem nicht intern lösen, weil übergeordnete Instanzen zur Bewältigung gebraucht

© Der/die Autor(en), exklusiv lizenziert an Springer Fachmedien Wiesbaden GmbH,
ein Teil von Springer Nature 2025
H. W. Becker, *Zum Konsens in fünf Schritten*,
https://doi.org/10.1007/978-3-658-49133-8_36

werden, dann bringt es der Teamchef oder die Chefin auf der nächsthöheren Ebene ein.

Die Teamsitzung verfolgt diese drei Ziele und nur diese drei Ziele. Damit wird Zeit- und Kräfteverschleiß vermieden. Das Gemeinschaftsgefühl im Team bildet sich dann ganz von allein, denn am Ende der Sitzung haben alle Beteiligten das Gefühl: Wir haben unsere Sache im Griff!

Die nachfolgenden Abschnitte werden Ihnen zeigen, wie eine Teamsitzung, die Sie nach diesem Konzept durchführen, die obengenannten Ziele erreicht und welche Werkzeuge dafür zur Verfügung stehen. Beginnen wir mit dem wichtigsten Werkzeug, dem *rollierenden Protokoll,* das sich als wirksames Steuerungsinstrument erweisen wird.

Das rollierende Protokoll ersetzt die Tagesordnung

Eine mangelhafte Agenda ist der Hauptgrund für das Misslingen von Teamsitzungen, ebenso wie unklare und zeitverzögerte Protokolle. Die zwei brisantesten Sorgenkinder der Teamsitzungen, die Agenda und das Sitzungsprotokoll, werden wir eliminieren, indem wir sie durch ein anderes Dokument ersetzen: das *rollierende Protokoll*.

Dieses Protokoll ist nichts weiter als eine Liste, in der alle laufenden Aktionen des Teams zeilenartig dokumentiert sind, und zwar mit der Benennung der Aktion, dem Namen des dafür Verantwortlichen und dem Termin der Fertigstellung.

Dieses Dokument (Abb. 1) steht – meist als Excel-Tabelle – zur Verfügung. Einige Teams wählen dazu einen Flipchart-großen Computerausdruck, der an die Wand gehängt wird. Andere wählen DIN-A4-Ausdrucke für alle Teammitglieder, wieder andere projizieren das rollierende Protokoll mit einem Beamer an die Wand.

Aber wozu zwei Terminspalten? Dies hat einen erzieherischen Zweck. Ein nicht eingehaltener Termin wird keineswegs gelöscht. Der Sitzungsleiter fügt den veränderten Termin zusätzlich ein. Und das notfalls auch in weiteren Zeilen. Aktionen, die sich verschleppen, bleiben so erkennbar, ja, sie springen als Makel der Betreffenden immer wieder ins Auge.

H. W. Becker, *Zum Konsens in fünf Schritten*, https://doi.org/10.1007/978-3-658-49133-8_37

Nr..	Aktion	Name	Termin	Termin

Abb. 1 Das rollierende Protokoll

Das rollierende Protokoll erstmalig zu erarbeiten, ist eine mühevolle Fleißarbeit. Die Aktionen Ihres Bereichs sind wahrscheinlich an unterschiedlichen Orten und in vielfältigen Dateien dokumentiert. Manches Projekt haben Sie sogar nur im Kopf. Alles wird nun in einer Tabelle zusammengeführt. Der angemessene Detaillierungsgrad will erst gefunden werden. Nehmen Sie sich dafür durchaus zwei, drei Wochen Zeit. Aber ist es einmal geschafft, dann werden Sie bald nicht mehr verstehen, wie Sie ohne dieses Dokument arbeiten konnten.

Schauen wir uns nun an, wie Sie mit dem rollierenden Protokoll die Sitzung steuern und zugleich die Ergebnisse der Sitzung sichern.

Das rollierende Protokoll führt durch die Sitzung

Pünktlich zum Sitzungsbeginn unterbricht der Teamchef Herr Humann die Seitengespräche und begrüßt die Anwesenden. „Okay, dann lasst uns mal beginnen." Sodann wendet er sich unmittelbar dem rollierenden Protokoll zu: Zeile für Zeile erkundigt er sich bei den jeweils Verantwortlichen nach dem Stand der Dinge. „Herr Schröder, wie weit sind Sie mit der Vorbereitung der Roadshow? Werden Sie, wie geplant, am nächsten Freitag fertig sein?" Herr Humann richtet sein besonderes Augenmerk auf drohende Terminverzögerungen und auftauchende Probleme jeglicher Art. „Frau Pösel, die Pressemappen sollten vergangenen Mittwoch verschickt worden sein. Hat das geklappt?" „Alles ist pünktlich rausgegangen. Wir haben schon mit dem Nachfassen bei den Medien begonnen." „Danke, wunderbar!" Damit löscht Herr Humann die Zeile „Versand der Pressemappen" aus dem rollierenden Protokoll, das so – Zeile um Zeile – kürzer wird.

Bei der Kontrolle mancher Aktionen tauchen Schwierigkeiten auf. So auch bei Herrn Gausebek: „Der Termin für den Prototypen ist gefährdet. Mein Modelltischler hatte heute Morgen einen Unfall. Er liegt im Krankenhaus. Ich habe noch keinen Ersatz." „Wir brauchen den Prototypen aber unbedingt bis zum Beginn der Roadshow. Wir können uns

H. W. Becker, *Zum Konsens in fünf Schritten*, https://doi.org/10.1007/978-3-658-49133-8_38

damit keine Verzögerung leisten. Hat jemand eine Idee?" Darauf der Entwicklungschef Herr Petzold: „Ich weiß, dass unser Designer Kapazitäten freimachen kann. Er hat zwei Modelltischler und er schuldet uns sowieso noch einen Gefallen. Ich kann ihn heute Nachmittag fragen und den Kontakt zu Herrn Gausebek herstellen. Dann könnten wir für den Prototypen den Termin KW 30 halten." Herr Gausebek ist erleichtert und Herr Humann ergänzt das rollierende Protokoll sofort um diese zwei Zeilen:

Kontakt Designer/Gausebek herstellen	Petzold	sofort
Modelltischler liefert Prototyp	Gausebek	KW 30

Sind zusätzliche Aktionen nötig, bespricht Herr Humann die Angelegenheit sofort im Team und fügt die Entscheidung dem rollierenden Protokoll hinzu, das so – Zeile um Zeile – wieder länger wird. Das Protokoll repräsentiert auf diese Weise stets alle Projekte des Teams.

Exkurs

In zahlreichen Unternehmen habe ich dieses protokollgeleitete Sitzungskonzept installiert. Gewöhnlich begleite ich dann die ersten zwei drei Sitzungen, bis ich den Eindruck gewinne, dass es auch ohne meine Hilfe geht. Dabei habe ich oft eine bedenkliche Erfahrung gemacht, die sich im folgenden Beispiel wiederfindet: Es ist Montag. Ein Teilnehmer hat für sein Teilprojekt den Abgabetermin Freitag derselben Woche. Als er nach dem Stand seines Projektes gefragt wird, erzählt er: „Es gibt Komplikationen, aber ich bin dran und werde mein Bestes tun …" Seine Aussage erscheint mir diffus, aber der Teamchef gibt sich offensichtlich zufrieden, er hakt nicht nach. Die Sitzung nimmt ihren Lauf.

Am Ende der Sitzung ergreife ich das Wort und frage den Teilnehmer: „Sie sprachen von Komplikationen und auch davon, dass Sie sich bemühen würden, den Termin am Freitag zu halten. Bei mir ist der Eindruck entstanden, dass Sie bereits jetzt mit großer Wahrscheinlichkeit sagen könnten, dass Ihr Projekt am Freitag nicht fertig sein wird. Ist mein Eindruck ganz falsch?" Darauf windet sich der Angesprochene auf seinem Stuhl, grinst verlegen und räumt ein: „Nein, nein, Ihr Eindruck ist durchaus richtig. Wahrscheinlich wird es mit Freitag nichts." Der Teamchef fällt aus allen Wolken. Beinahe hätte er ein drohendes Unheil übersehen.

Er musste es sich erst angewöhnen, beharrlich und kritisch nachzufragen, damit seine Truppe lernt, klare und verbindliche Aussagen zu machen: „Na schön, Sie werden sich bemühen, selbstverständlich. Aber sind Sie nun am Freitag fertig oder nicht?"

Schließlich hat Herr Humann das rollierende Protokoll – Zeile für Zeile – durchgearbeitet und damit auf den neuesten Stand gebracht. Die Entscheidungen sind dokumentiert und die Verantwortlichen benannt. Alle Beteiligten haben einen umfassenden Überblick über das gesamte Geschehen. Jedoch ist die Sitzung jetzt noch nicht zu Ende.

Die „Neuigkeiten-und-Probleme-Runde"

Nachdem die letzte Zeile des rollierenden Protokolls bearbeitet wurde, leitet Herr Humann den zweiten Teil der Sitzung ein: „Dann machen wir jetzt unsere *Neuigkeiten-und-Probleme-Runde*. Jeder berichtet bitte aus seinem Bereich, was es Neues gibt und welche Probleme aufgetaucht sind. Fangen Sie bitte an Frau Pösel."

Diszipliniert werden stichwortartig ausschließlich Neuigkeiten und Probleme mitgeteilt, gegebenenfalls kurz diskutiert und – immer, wenn Entscheidungen fallen – die zusätzlichen Aktionen dem rollierenden Protokoll hinzugefügt. Herr Humann reiht sich mit dem, was er mitteilen möchte, in diese Runde ein. Nachdem alle gesprochen haben, schließt Herr Humann die Sitzung.

Mit dem rollierenden Protokoll war die Sitzungsleitung ein Kinderspiel: Begrüßung, Durcharbeiten des Protokolls, Neuigkeiten-und-Probleme-Runde, fertig. Die drei Sitzungsziele – Aktionskontrolle, Problemerkennung und Problembehandlung – waren erreicht. Das Protokoll steht zur Verfügung und gleichzeitig auch die Tagesordnung der nächsten Sitzung.

© Der/die Autor(en), exklusiv lizenziert an Springer Fachmedien Wiesbaden GmbH, ein Teil von Springer Nature 2025
H. W. Becker, *Zum Konsens in fünf Schritten*,
https://doi.org/10.1007/978-3-658-49133-8_39

119

Was Sie allerdings noch nicht wissen: Dem Teamchef standen 7 unsichtbare Werkzeuge zur Verfügung, die wesentlich zum reibungslosen Gelingen der Sitzung beitrugen. Diese sieben Werkzeuge möchte ich Ihnen in Form eines Regelwerks vorstellen:

7 Regeln zur Teamsitzung

Regel 1: Jour fixe!

Vereinbaren Sie für die Teamsitzung einen regelmäßigen festen Termin. Die Häufigkeit wählen Sie so, dass in jeder Sitzung ein ausbalanciertes Maß an Arbeit ansteht.

In meiner Beratungstätigkeit treffe ich häufig auf die Ansicht, Teambesprechungen sollten nur dann anberaumt werden, wenn ein Bedarf besteht. Doch wer identifiziert den Bedarf? Führungskräfte, die so denken, haben nur die Top-down-Perspektive im Blick. Aber gerade für Problemerkennung und Problembehandlung ist die Bottum-up-Kommunikation entscheidend. Vielleicht hat die Führungskraft nichts mitzuteilen, aber möglicherweise die Mitarbeiter.

Wenn keine Komplikationen vorliegen, dann dauert die Sitzung nicht lang. Ist das des Öfteren der Fall, dann reduzieren Sie die Sitzungshäufigkeit, sodass in der Teamsitzung immer genug Beachtenswertes geschieht.

© Der/die Autor(en), exklusiv lizenziert an Springer Fachmedien Wiesbaden GmbH, **121**
ein Teil von Springer Nature 2025
H. W. Becker, *Zum Konsens in fünf Schritten*,
https://doi.org/10.1007/978-3-658-49133-8_40

Regel 2: Sitzungsdauer max. 90 min!

Spätestens nach zwei Stunden lässt die Konzentration bei den Besprechungsteilnehmern nach. Auch wenn eine Sitzung abwechslungsreich oder spannend ist, macht sich Ermüdung breit. Die Beteiligten brauchen körperliche Bewegung, frische Luft, Entspannung.

Regel 3: Themen nicht tief diskutieren!

Isolieren Sie jene Fragen, die einer eingehenden Erörterung bedürfen. Erfordert ein Thema eine gründliche Erarbeitung, dann vereinbaren Sie einen Sondertermin, bilden eine Sondergruppe oder beauftragen ein Teammitglied damit, das Thema gründlich vorzubereiten.

Wenn Sie diese Regel beachten, beseitigen Sie die bedeutendste Ursache von Zeit- und Kraftverschwendung: Themen, die einer vertiefenden Aussprache bedürfen, werden „zwischendurch" diskutiert. Die Beteiligten beißen sich daran fest, kommen nicht mehr zu den restlichen Punkten und gehen mit Zeitverzug und missmutig auseinander.

Regel 4: Nur vernetzte Probleme!

Besprechen Sie Einzelprobleme, die innerhalb der Abteilungen oder von den Teilnehmern selbst gelöst werden können, nicht in der Teamsitzung, sondern bilateral. In der Teamsitzung behandeln Sie nur solche Themen, die auch andere betreffen. Damit vermeiden Sie, dass sich unbeteiligte Teammitglieder langweilen und innerlich abschalten.

Vernetzte Probleme müssen im Gesamtteam besprochen werden. Warum ist das so? Immer wieder begegne ich Führungskräften, die ihre Entscheidungen treffen, nachdem sie eine Reihe von Einzelgesprächen geführt haben, allein, nach gewissenhaftem Abwägen im stillen Kämmerlein. Ich bezeichne das als bilaterales Führen. Ohne Absicht und ohne sich der Folgen bewusst zu sein, verursachen sie dadurch weitreichende gruppendynamische Friktionen im Team: Die Entscheidung wird für die

Teammitglieder nicht transparent und es entstehen Spekulationen darüber, wer beim Chef den größeren Einfluss hatte, wer am besten „soufflierte" und wessen Anregungen „wieder mal durch den Rost fielen".

Dies ist insbesondere dann der Fall, wenn die Entscheidung für einige Teammitglieder Vorteile und für andere Nachteile mit sich bringt. Die Gruppe spaltet sich in Gewinner und Verlierer und es entsteht Neid gegenüber „bevorzugten" Kollegen. Während sich im Prozess der Konsensbildung die benachteiligten Teammitglieder durch Einsicht selbst zum Teilverzicht durchringen und damit den Zusammenhalt stärken, droht die Gruppe durch bilaterales Führen zu zerfallen, weil Einzelne den von oben aufgezwungenen Verzicht ablehnen.

Regel 5: Disziplin und Konzentration!
Die Eröffnung der Sitzung beginnt erst, wenn alle ihre Unterlagen ausgepackt und geordnet haben. Es gibt kein Kommen und Gehen. Handys sind ausgeschaltet. Unterbinden Sie alles Ablenkende.

Die Teambesprechung, das zentrale Führungsinstrument der Teamleitung, bietet oft ein Bild des Grauens. Meist ist ein Einübungsprozess über mehrere Wochen nötig, bis das ganze Team einwandfrei mitmacht. Auf diesem Wege ist unter vier Augen manches ernste Wort mit denen zu sprechen, die es an der nötigen Disziplin, Konzentration und Vorbereitung fehlen lassen.

Regel 6: Es redet immer nur eine Person!
Wachen Sie darüber, dass immer nur Einer spricht. Beginnt ein Teilnehmer ein Seitengespräch, fordern Sie ihn auf, seine Aussage an alle zu richten. Seitengespräche entstehen immer aus einem Mitteilungsdrang und enthalten daher oft Wichtiges.

Sitzungen drohen zu zerfasern, wenn mehrere Personen gleichzeitig sprechen. Niemand kann zwei Gesprächen gleichzeitig folgen, ohne oberflächlich zu sein. Schreiten Sie als Teamchef dann immer unverzüglich ein: „Bitte immer nur eine Person zur gleichen Zeit. Herr Petzold ist noch nicht fertig mit dem, was er sagen will. Und dann erst Sie, Frau Stricker." Tun Sie das immer und jedes Mal sofort.

Der Unsitte belangloser Seitengespräche müssen Sie ruhig, aber konsequent entgegentreten: Frau Kellermann erläutert einen Sachverhalt, der – einmal mehr – Herrn Schröder nicht interessiert, weswegen dieser sich an seinen Nachbarn wendet und ihm etwas zuraunt. Der Teamchef schreitet sofort ein: „Moment, Frau Kellermann, Herr Schröder hat gerade ein Seitengespräch mit Herrn Petzold. Herr Schröder sagen Sie es bitte laut, dass alle es hören können." Herr Schröder daraufhin: „Nein, nein – ich wollte nur ..." „Okay Frau Kellermann, fahren Sie fort. Jetzt sind alle wieder bereit."

Ich selbst unterbreche meine Rede schon bei kleinsten Anzeichen von Abgelenktheit und warte mit geduldigem Blick auf den Urheber der Störung. Prinzipiell gebe ich Störungen den Vorrang. Viele Störungen verdienen diese Vorzugsbehandlung, weil sie tatsächlich Wichtiges enthalten, aber auch, weil sie oft lustig sind und Heiterkeit erzeugen.

Sie werden es nicht glauben, wie sehr die Regel „Es redet immer nur eine Person" die Gesprächsqualität im Team verbessert. Diese Wirkung entsteht aber nur dann, wenn Sie anfangs konsequent *jedes Mal* intervenieren. Das mag Ihnen durchaus unangenehm sein, aber die Gruppe wird bald verstehen, worauf Sie hinaus wollen und sich entsprechend verhalten. In der Folge werden Sie immer seltener eingreifen müssen.

Regel 7: Anwesenheitspflicht!
Jedes Teammitglied muss präsent sein. Wer verhindert ist, entsendet eine kompetente und entscheidungsfähige Vertretung. Kein Kommen und Gehen!

Diese Regel gilt vor allem für Führungsteams, in denen eine funktionierende Vertretungsregelung vorhanden ist. Aber auch in Arbeitsgruppen, Abteilungen und Projektteams ist darauf zu achten, dass abwesende Personen nachträglich eingebunden und informiert werden. Die Führungskraft sollte darüber wachen, dass das nicht unterbleibt.

Endlich ist die Sitzung effektiv

Das in dieser Beschreibung vorgestellte Sitzungskonzept mit dem rollierenden Protokoll, der Neuigkeiten-und-Probleme-Runde und den 7 Regeln habe ich in vielen Unternehmen etabliert. Dabei erforderten die spezifischen Bedingungen der jeweiligen Branche oder der fachlichen Gegebenheiten vor Ort fast immer irgendwelche Modifikationen.

Ein Beispiel: Durch diese Sitzungsführung kommen früher oder später alle Probleme der Zusammenarbeit zur Sprache und werden einer Lösung zugeführt. Dabei fallen Grundsatzentscheidungen an, die, in einem gesonderten Ordner festgehalten, die gültigen Regeln der internen Abläufe aufzeigen. Dieser Ordner ist bei der Einarbeitung neuer Mitarbeiter eine große Hilfe.

In einem Fall führte ein Unternehmen mit dem rollierenden Protokoll sogar gleichzeitig ein unternehmensweites „Sitzungscontrolling" ein, eine unternehmensweite Kontrolle, die sicherstellte, dass alle wichtigen Anliegen aufgenommen werden und nötigenfalls bis in die Unternehmensspitze vordringen können.

© Der/die Autor(en), exklusiv lizenziert an Springer Fachmedien Wiesbaden GmbH, ein Teil von Springer Nature 2025
H. W. Becker, *Zum Konsens in fünf Schritten*,
https://doi.org/10.1007/978-3-658-49133-8_41

Immer war es mühevoll, aber immer hatte sich am Ende die Mühe ge-lohnt. Die mit der verbesserten Sitzungskultur erzielten Fortschritte zeigten sich vor allem in zwei Feldern: Der Zeitaufwand für Teamsitzungen sank mindestens um ein Drittel und die Umsetzungskompetenz der Unternehmen stieg unverkennbar an.

Das Wichtigste zur Umsetzung in Kürze

Die Teamsitzung ist das zentrale Führungsinstrument der Teamleitung. Sie dient der Kontrolle aller Aktionen, der Problemerkennung und der Problembehandlung. Die wichtigsten Werkzeuge dabei sind das rollierende Protokoll, die Neuigkeiten-und-Probleme-Runde sowie ein System aus 7 Regeln:

1. Jour fixe!
2. Sitzungsdauer max. 90 min!
3. Themen nicht tief diskutieren!
4. Nur vernetzte Probleme!
5. Disziplin und Konzentration!
6. Es redet immer nur eine Person!
7. Anwesenheitspflicht!

Dieses Sitzungskonzept erspart, nachträglich ein Protokoll anzufertigen und eine Agenda aufzustellen. Es verkürzt die Sitzungszeit um mindestens 30 %.

Zum Schluss möchte ich noch auf die Anstrengungen zu sprechen kommen, die uns manche Teambesprechungen abverlangen, weil wir mit Menschen zu tun haben, die uns Schwierigkeiten machen.

Sich durchsetzen

Wie Sie mit schwierigen Kandidaten fertigwerden

Selbstverständlich brauchen Sie Durchsetzungsfähigkeit. Aber Vorsicht: Es geht nicht darum, autoritär die eigene Idee durchzusetzen. Nein, es geht darum, *die Diskussion* durchzusetzen, die zur gemeinsamen Entscheidung führt. Mit Durchsetzungsfähigkeit ist hier die Fähigkeit gemeint, diesen Prozess zu initiieren und zu führen, das heißt, den Dreh- und Angelpunkt des Geschehens zu besetzen und mit Störungen und Widerständen souverän umzugehen.

Die fünf häufigsten Probleme in Gruppendiskussionen entstehen durch:

1. die Dauerredner,
2. die Schweigsamen,
3. die Starrsinnigen,
4. die Unwilligen und
5. die Rivalität.

Alle fünf können eine Teamentscheidung erheblich beeinträchtigen, manchmal sogar verhindern. Jede dieser Situationen werden wir analysieren und überlegen, mit welchen Mitteln ihnen beizukommen ist.

© Der/die Autor(en), exklusiv lizenziert an Springer Fachmedien Wiesbaden GmbH, **129**
ein Teil von Springer Nature 2025
H. W. Becker, *Zum Konsens in fünf Schritten*,
https://doi.org/10.1007/978-3-658-49133-8_42

Sollten Sie nun erwarten, dass ich Ihnen einen geheimen Knopf zeige, auf den Sie nur zu drücken brauchen, um das Gesprächsproblem unverzüglich und dauerhaft zu lösen, dann muss ich Sie enttäuschen. Die Hilfen, die ich Ihnen anbieten kann, setzen Geduld, Einfühlungsvermögen und Taktgefühl voraus. Und trotzdem sind Gesprächsteilnehmer manchmal so unbeweglich, dass es auch damit nicht klappt. Was dann?

Dann scheitern wir. Menschen sind keine Maschinen. Im Umgang mit Menschen müssen wir zum Scheitern bereit sein und im Einzelfall überlegen, was dann noch zu tun bleibt. Anders organisieren? Personenkonstellationen entflechten? Sich trennen? Wir sollten aber die Flinte nicht zu früh ins Korn werfen.

Führungskräfte, die an Mitarbeitern persönliche Kritik üben, tun dies meist in einem Gespräch unter vier Augen. Das ist auch gut so. Leider hilft uns das vertrauliche Gespräch nicht weiter, wenn ein Vorfall mitten in der Diskussion eine Intervention erfordert. In solch einem Moment haben wir keine andere Wahl, wir sind gezwungen, direkt in die aktuelle Situation einzugreifen. Und dann ist besondere Vorsicht geboten: Die Maßnahme muss immer taktvoll sein, natürlich ohne es an Wirksamkeit fehlen zu lassen. Der Ton macht die Musik. Schauen wir, wie das gehen kann.

Den Dauerredner mäßigen

„Du redest zu viel!" Das wohl häufigste Problem in Gruppendiskussionen verursacht der Dauerredner. Er beansprucht mehr Redezeit als alle anderen. Mit langatmigen Vorbemerkungen spannt er die Zuhörer auf die Folter. Ellenlange Begründungen schickt er voraus, bis er endlich zum Punkt kommt. Ihm zuzuhören kostet enorm viel Kraft. Den Vorwurf, er rede zu viel, hat er schon oft gehört. Geändert hat es nichts. Am Ende versucht niemand mehr, ihn zu zügeln, und alle ertragen sein Reden, indem sie die Worte vorbeirauschen lassen, ohne noch zuzuhören. Je mehr er spricht, desto weniger Gehör findet er. Andere, die sprechen wollen, lauern auf eine Atempause von ihm, um ihm dann ins Wort zu fallen. Jeder kennt das. Und es scheint kein Mittel zu geben, den Dauerredner zu mäßigen und ihm wieder Gehör zu verschaffen.

In der Tat, dieses Mittel gibt es nicht. Die Sache ist leider etwas komplizierter: Die Beweggründe des langen Sprechens können sehr verschieden sein. Einfach zu sagen „Du redest zu viel", befreit den Betreffenden noch nicht aus seinem Zwangsmuster. Zunächst gilt es herauszufinden, welche Beweggründe den Dauerredner antreiben. „Wie" redet er eigentlich zu viel? Also:

© Der/die Autor(en), exklusiv lizenziert an Springer Fachmedien Wiesbaden GmbH,
ein Teil von Springer Nature 2025
H. W. Becker, *Zum Konsens in fünf Schritten*,
https://doi.org/10.1007/978-3-658-49133-8_43

Erst die Diagnose, dann die Therapie.

Beobachten Sie ihn, versuchen Sie, sich in ihn einzufühlen. Glaubt er beispielsweise, sich noch nicht klar genug ausgedrückt zu haben und deshalb noch nicht verstanden worden zu sein? Das erkennen Sie daran, dass er seine Gedanken mit leichten Veränderungen ständig wiederholt und gleichsam auf der Stelle tritt. „Okay Klaus, wir haben verstanden, was Du sagen willst. Deine Idee ist …" Dieser Kunstgriff kann ihn erlösen.

Oder eine ganz andere Form des Dauerredens: Zerfasern seine Gedanken? Weicht die Spannung aus seinem Körper und seine Worte verlieren die Richtung, indem er sich in Nebensächlichkeiten verliert? Dann traut er sich nicht, einen mutigen Gedanken angreifbar in den Raum zu stellen. Tun Sie es für ihn: „Jetzt wechseln Sie das Thema, Herr Schleicher. Wenn ich Sie richtig verstanden habe, lautet Ihre Kernaussage … Vielen Dank." Durch diesen Kunstgriff ist Herrn Schleichers Gedanke klar ausgesprochen, und es passiert ihm trotzdem nichts Schlimmes.

Ganz anders sieht es aus, wenn der Dauerredner wortgewandt eine Generalanalyse vorträgt, bei der niemand mehr zu Wort kommt. Seine Atempausen setzt er so geschickt, dass keiner einhaken kann. Mit dem Blick hat er die Zuhörer genau unter Kontrolle, und wenn jemand versucht zu sprechen, hebt er die Hand, um ihn zu bremsen und intensiviert sein Sprechen: „Moment, vor zwei Jahren hatten wir eine Kollegin, die sagte immer …" Und seine Rede will und will nicht enden.

Das Ganze sieht eloquent aus, ist aber von Angst getrieben. Getrieben von der Angst vor Widerspruch und kontroversem Kontakt. Neulich hörte ich einen Teamchef humorvoll und ganz ruhig sagen: „Herr Bischke, lassen Sie's bald zur Pointe gerinnen!" Alle lachten, auch Herr Bischke. Das war ein Nadelstich mit wohlwollender Sympathie, der ihn aus seiner Endlosschleife herausriss. Diesen Kunstgriff können Sie auch bei solchen Kandidaten anwenden, die sich selbst gern reden hören und sich an ihren eigenen Worten berauschen.

Unter Lehrern entdeckte ich eine weitere Variante des Dauerredners. Herr Wannewitz: In langen Monologen belehrte er seine Zuhörer. Sein Blick schien nach innen gerichtet und ausschließlich konzentriert auf den Gegenstand seiner Rede, abgekoppelt von seinen Zuhörern, deren Langeweile und Verdruss er nicht mehr wahrnahm. Für ihn war es wichtig, seine Geschichte „loszuwerden", ganz gleich, ob sie bei den anderen ankam oder nicht. Der Kunstgriff: „Herr Wannewitz, das sind zu viele Einzelaspekte auf einmal. Jeden Punkt müssen wir diskutieren. Lassen Sie zwischendurch auch mal andere zu Wort kommen." Bei diesen Worten erschrak er ein wenig, denn sie rückten plötzlich das Team wieder in sein Blickfeld. „Ach so, ja." Abrupt brach er seinen Monolog ab, und die Diskussion konnte weitergehen.

Besonders quälend wird es, wenn ein Diskutant in allen Einzelheiten ellenlange Begründungen und Voraussetzungen schildert, sich obendrein dabei detailverliebt in unwichtigen Nebenthemen verliert, bevor er – endlich, endlich – zum Kern seiner Botschaft kommt. In solchen Fällen unterbreche ich ihn frühzeitig und sage: „Spannen Sie uns nicht so auf die Folter. Sagen Sie doch bitte zuerst, worauf Sie hinauswollen." Oft muss ich diese Aufforderung wiederholen, manchmal sogar begründen, bis der Angesprochene entsprechend reagiert.

Die geschilderten Beispiele zeigen Ihnen: Der Satz „Du redest zu viel" ist nicht genau genug, um in der je gegebenen Situation zu helfen. Wenn Sie den Raum des Dauerredners eindämmen wollen, dann beobachten Sie ihn eine Weile, ergründen Sie seine individuelle Spielart der Dauerrede und wählen Sie danach aus, wie Sie eingreifen wollen. Ihre Intervention muss Ihrem persönlichen Stil entsprechen, nur dann kann sie wirksam treffen.

> So taktvoll Sie dabei auch immer sein mögen: Sie verletzen den Dauerredner. Und das ist auch nötig.

Andernfalls würde er den Anstoß ja nicht wahrnehmen. Aber übertreiben Sie die unvermeidliche Bloßstellung nicht. Kränken Sie nicht über Gebühr. Vor allem: Werden Sie dabei niemals ironisch! Die Ironie schafft Distanz und tut unnötig weh. Wenn Sie bei sich selbst Humor und Ironie nicht zuverlässig voneinander unterscheiden können, verzichten Sie darauf, die anderen zum Lachen zu bringen. Bleiben Sie ernsthaft, wenn Sie intervenieren. Denn mit Ernsthaftigkeit können Sie am ehesten gewährleisten, dass Ihre Maßnahme richtig dosiert ist, niemanden lächerlich macht und trotzdem wirkt.

Die Schweigsamen aktivieren

Die Führungscrew des Finanzbereichs saß zusammen, um zu beraten, wie die Kalkulationsbasis von neuen Produkten im Konzern vereinheitlicht werden könnte. Jeder Standort und jeder Geschäftsbereich hatte andere Gewohnheiten. So erforderten die Investitionsentscheidungen jedes Mal umfangreiche Vorarbeiten, um die Alternativen vergleichbar zu machen. Alle beteiligten sich an der Diskussion, nur Frau Spolwing nicht. Sie saß stumm da. Sie schaute nicht unzufrieden aus oder gar verstockt, auch nicht gelangweilt, eben nur – stumm. „Was mag in ihr vorgehen?", dachte Herr Jenckel, ihr Vorgesetzter. Und: „Muss ich mir Sorgen machen?" In solchen Situationen regt sich bei Herrn Jenckel immer wieder der Wunsch, alle mögen sich ausgewogen am Gespräch beteiligen. „Unsinn," dachte er dann, „es gibt die Aktiven und es gibt die Stillen. So wird es immer sein, warum nicht auch in dieser Runde? Frau Spolwing scheint aufmerksam bei der Sache zu sein und mit dem Hergang der Auseinandersetzung einverstanden."

Gegen Ende der Diskussion entschloss sich Herr Jenckel, ihr Einverständnis zu prüfen. Nun also doch: „Frau Spolwing", sagte er, „Sie haben das Gespräch eine ganze Zeit beobachtet. Wie schätzen Sie die Lage ein: Sind wir auf dem richtigen Weg? Oder haben wir vielleicht einen wichtigen Aspekt vergessen?" „Ich wüsste nicht, was wir vergessen hätten. Nein, wir sind auf dem richtigen Weg." „Danke", sagte Herr Jenckel und fühlte sich schon viel besser.

Auf das Urteil der am Rande stehenden Beobachter lege auch ich immer großen Wert.

Die Stillen haben oft einen unaufgeregten Überblick.

Mehr und mehr gewöhne ich es mir ab, stille Menschen zu mehr Beteiligung anzuregen. Stattdessen nutze ich sie in ihrer Beobachterrolle und frage direkt nach, wenn ich mir davon etwas verspreche.

Ganz gleich, aus welchen Gründen die Schweigsamen so still sind – sei es aus Angst vor Kritik und Auseinandersetzung oder weil es einfach ihrem Temperament entspricht – diese Vorgehensweise hat sich immer bewährt.

Oft sind die Schweigsamen auf andere Weise überaus beredt: mit ihrer Körpersprache. Die in Falten gelegte Stirn, ein verächtliches Lächeln zum Nachbarn, trotzig verschränkte Arme und dergleichen mehr, das sind sprachlose Beiträge zur Debatte. „Sven, du machst eine krause Stirn. Hast du einen Widerspruch auf Lager?" So helfen Sie Sven, in die Diskussion einzutreten.

Die Starrsinnigen auflockern

Der 14-jährige Sohn will endlich den Vater im Tennis besiegen. Heute muss es sein! Der Eifer quillt ihm aus allen Poren. Höchste Konzentration, saubere Schlagtechnik und sich nur ja die Anspannung nicht anmerken lassen. Und dann schafft er es wieder nicht. Verdammt. Unfähig zur Resignation, fixiert auf die einzige Lösung: Sieg! Nicht imstande, die unvermeidliche Niederlage enttäuscht hinzunehmen, verkrampft er zunehmend in einer starren Haltung des „Gewinnen-Müssens". Er kämpft verbissen, aber chancenlos weiter und wirkt dabei eigentlich nur noch komisch. Das merkt der Junior selber auch. Ändern kann er es nicht. Am Ende gibt es jedes Mal Tränen. Verlieren will gelernt sein.

Schlechte Verlierer gibt es auch im fortgeschrittenen Alter: auch auf verlorenem Posten weiterkämpfend, fixiert auf die eigene Sichtweise, immer das gleiche Argument wiederholend, hoffnungslos verbockt, stur bis zum bitteren Ende. Die Fassung solcher Menschen kennt zwei stabile Zustände: die Starre ihrer Haltung einerseits und deren Zusammenbruch andererseits, das Verlieren der Fassung. Beides befremdet die anderen Teammitglieder und macht sie hilflos.

Ist unter solchen Umständen überhaupt noch Konsensbildung möglich? Wenn, wie zu sehen war, Konsensbildung Verzichtsbereitschaft

© Der/die Autor(en), exklusiv lizenziert an Springer Fachmedien Wiesbaden GmbH, ein Teil von Springer Nature 2025
H. W. Becker, *Zum Konsens in fünf Schritten*,
https://doi.org/10.1007/978-3-658-49133-8_45

erfordert, wenn die Teammitglieder zugunsten einer besseren Idee auf veränderte Sichtweisen einschwenken können müssen, ja, dann *muss* der Starrsinnige ebenfalls eingefangen werden. Wie kann das gehen? Ich habe oft Menschen dabei beobachtet, wie sie versuchten, starrsinnige Zeitgenossen aufzulockern. Dabei entdeckte ich vier verschiedene Methoden, sich diesem Ziel zu nähern.

Die erste Variante ist die am häufigsten anzutreffende: Intuitiv rücken die Führungskraft und die Teammitglieder dem sturen Kollegen *sanft* auf die Pelle. Er soll gewissermaßen „aufgetaut" werden. Weiche Appelle richten sich an sein Gemüt und nüchterne Aussagen an seine Einsichtsfähigkeit. Diese Intuition ist kein schlechter Ratgeber. Denn so wird vermieden, weiter Öl ins Feuer zu gießen, die Atmosphäre zu vergiften und seine Abwehrstarre zu steigern.

Bei der zweiten Variante greift der Teamleiter oder auch ein Teammitglied den Starrsinn zunächst durchaus als Anregung auf. Sich hypothetisch einfühlend, geht dieser Gesprächspartner eine ganze Weile mit Interesse auf den Betreffenden ein, bis er ihn „von innen heraus" widerlegen kann: „Ihre Idee schien mir anfangs funktionieren zu können. Aber jetzt sehe ich, dass das ja gar nicht geht, weil …". Oft löst sich der Starrsinn dann auf.

Die dritte Variante bedeutet Konfrontation. Das muss kein Zornesausbruch sein, schon gar kein *hilfloser* Zornesausbruch, aber der Volksmund irrt nicht immer, wenn er sagt: „Auf einen groben Klotz gehört ein grober Keil." Imponierender als der Ausdruck der Verärgerung ist jedoch allemal der Ausdruck des „vollen Ernstes", mit dem man sich den Starrsinnigen zur Brust nimmt und ihm mit großer sachlicher Klarheit vor Augen führt, dass man so nicht weiterkommt.

Als vierte Variante bietet sich einmal mehr der Kunstgriff einer Verhandlungsunterbrechung an: „Okay. Lasst uns für heute aufhören. Morgen greifen wir das Thema mit frischen Kräften wieder auf." Mancher starre Standpunkt löst sich auch ohne Ihr Zutun über Nacht auf. Der Sachverhalt sieht gelegentlich anders aus, wenn man darüber geschlafen hat. Es gibt Menschen, die Zeit brauchen, um überraschende und manchmal unbequeme Einsichten anzunehmen. Auch das gesellige Beisammensein am Feierabend mit gemeinschaftlichem Essen, Erzählen und vereintem Lachen lockert oft festgefahrene Positionen auf.

Die Unwilligen einbinden

Es gibt manchmal Teammitglieder, die keinen echten Willen haben, sich in einen gemeinschaftlichen Beschluss einzubinden. Verschiedene Beweggründe können solchem Verhalten zugrunde liegen. Beispielsweise könnten persönliche Interessen auf dem Spiel stehen. „Wenn wir das so organisieren, verliere ich erheblich an Status. Das mach ich nicht mit!" Der Preis für das Zustandekommen einer Einigung kann für den einen oder anderen Mitspieler zu hoch sein, und so verweigert er sich.

Gelegentlich hat man es auch mit sogenannten „coolen" Zeitgenossen zu tun. Sie separieren sich lieber, statt für das Zustandekommen einer gemeinsamen Situation einzutreten. Das sind Einzelkämpfer, Menschen, die einen Platz am Rande oder gar außerhalb von Gemeinschaften bevorzugen.

Unwillig sind oft auch die überdurchschnittlich vorsichtigen Mitmenschen, die ihren persönlichen Standpunkt nicht definieren mögen, die Ängstlichen. Sie wollen sich weder für eine Idee noch für die Gemeinschaft engagieren. Sie wissen genau, was sie *nicht* wollen, belassen hingegen das, *was* sie wollen, im Dunkeln. Im Falle eines Scheiterns sind sie fein raus: Sie haben ja nicht mitgemacht und können nun klug reden.

© Der/die Autor(en), exklusiv lizenziert an Springer Fachmedien Wiesbaden GmbH, ein Teil von Springer Nature 2025
H. W. Becker, *Zum Konsens in fünf Schritten*,
https://doi.org/10.1007/978-3-658-49133-8_46

Lehrer stehen oft vor dem Problem, einem unwilligen Schüler, der sich im Unterricht nicht engagieren will, das Lernen nahe zu bringen. Für den Lehrer ist das eine anstrengende Angelegenheit. Mit dieser Aufgabe konfrontiert, lassen sich fast alle Pädagogen in zwei Gruppen einteilen: Da gibt es auf der einen Seite die gutherzigen, sanften Lehrer, die sich einfühlend, Mut machend und die Gedanken des Schülers herauskitzelnd ins Zeug legen und auf der anderen Seite die Schulmeister, die gnadenlos Leistungsdruck aufbauen und unbarmherzig mit den Zensuren abstrafen, mal eisig, mal donnernd. Beiden gelingt es nur selten, den unwilligen Schüler zum Mitmachen zu gewinnen. Erfolgversprechender ist es, *beides* zu tun:

> Auf den Unwilligen eingehen und Druck aufbauen. Die Verbindung beider Verfahren mit geeigneter Dosierung ist das Geheimnis des guten Pädagogen.

Das gelingt meist nicht ohne Sympathie für den Betreffenden. Das gilt genauso für Führungskräfte. Anteilnehmend sollten Sie auf ihre schwierigen Kandidaten eingehen *und* fordernd den Druck oder die Attraktivität des Themas erhöhen. „Na Stefan, bist du noch müde von gestern oder hast du keine Lust? Beides lass ich nicht gelten. Ich will, dass du hier mitmachst."

Die Grenzen der gemeinsamen Situation müssen genügend klar markiert sein. Wer nicht mitmacht, soll damit rechnen, dass er auf Schwierigkeiten stoßen wird – bis hin zu den letzten Konsequenzen. Ganz ruhig und keineswegs unfreundlich, aber bestimmt: „Ihr Verhalten mag für Sie richtig sein, aber aus meiner Sicht tragen Sie nichts bei und ich kann gar nicht erkennen, was Sie hier eigentlich wollen."

Auch im freundlichen Ton klingt das hart. Die Drohung ist fast unverhohlen. Aber im Grunde genommen ist damit die Verweigerung des Betreffenden nur auf den Punkt gebracht. Vielleicht hilft ihm diese Konfrontation, die Widersprüchlichkeit seines eigenen Spiels zu erkennen und sich dann neu zu orientieren.

Mit Rivalität umgehen

Alle Wirbeltiere bilden Hierarchien. Diese biologische Erkenntnis erwähnte ich bereits mehrfach. Menschen verhalten sich in dieser Hinsicht nicht viel anders als Wölfe. Freilich beißen wir uns nicht mehr gegenseitig, unsere Machtkämpfe sind als Sachdiskussionen getarnt oder als kränkende Bemerkungen in Nebensätzen versteckt.

Eine besondere Fähigkeit in Hierarchien ist aber der Gattung Mensch vorbehalten: Wir sind in der Lage, für die je anstehende Aufgabe die dafür besonders geeignete Person nach vorn zu schicken. Dieser „Führungswechsel" funktioniert fast immer so glatt, dass er kaum auffällt.

Gleichwohl, es bleibt uns Menschen nicht erspart, die „Rangkämpfe", die eine hierarchische Ordnung erst herausbilden, zu führen und zu ertragen. So manche Fußballmannschaft ist schon in den Abstiegsstrudel geraten, weil es dem Trainer nicht gelang, eine funktionierende Rangordnung unter den Spielern entstehen zu lassen, die jedem Mitspieler seinen Platz zuweist, ihm Gehör verschafft und Ruhe einkehren lässt. Erst wenn diese Ordnung gefunden ist, kann die Mannschaft ihre ganze Kraft und Aufmerksamkeit auf die gemeinsame Aufgabe richten.

Die Diskussionen im Team bieten ein geeignetes Terrain, um die gruppeninterne Rangordnung zu klären. Fachkenntnisse, Ideenreichtum,

H. W. Becker, *Zum Konsens in fünf Schritten*,
https://doi.org/10.1007/978-3-658-49133-8_47

Erfahrung, Eloquenz, Organisationswissen und manch andere Talente sind ungleich verteilt und geben Gelegenheit, die Kräfte zu messen und dabei untereinander die vorhandenen Kompetenzen zu erkennen. Anfänglich kann der Wettbewerb durchaus gegeneinander gerichtet sein, die Sachthematik leidet selbstverständlich darunter. Wer kennt das nicht: Teammitglieder vertreten identische Standpunkte so, als wären sie kontrovers. Beide sagen das Gleiche, aber in einem Ton, als wäre es gegensätzlich. Im Wissen darum, dass es sich bei dieser Phase um ein unverzichtbares Durchgangsstadium handelt, sollten Sie sich nicht einmischen. Wenn Sie sich einmischen und mit ihrer Stellungnahme „Recht sprechen", verkürzen sie zwar die aktuelle Auseinandersetzung, verhindern aber gleichzeitig das Kräftemessen. Mit zunehmender Klärung der Verhältnisse verbreitet sich eine konstruktive Atmosphäre und die Beiträge werden wirklich sachlich. Sie beziehen sich nun auf den Gegenstand, um den es geht.

Manchmal verhaken sich zwei Teammitglieder miteinander und die Rivalität wird chronisch. Ein Beispiel: Immer, wenn Frau Anton etwas sagt, spricht anschließend Herr Bertha opponierend dagegen. Der Sachinhalt wird dazu nach Belieben zurechtgebogen. Erstaunlich, den beiden Kombattanten ist dieser durchaus primitive Mechanismus meist nicht bewusst. Es wäre ja auch – vor allem für Herrn Bertha – peinlich. Da ein solches Verhalten die Klärung von Sachfragen enorm behindert, müssen Sie einschreiten. Ich selbst sammle dann drei, vier derartige Vorfälle und mache – mit diesem Beweismaterial gewappnet – die Beteiligten bei frischer Tat auf den „zuverlässigen Mechanismus" ihres Zusammenspiels aufmerksam. „Herr Bertha, ist Ihnen schon einmal aufgefallen, dass Sie immer nach Frau Anton das Wort ergreifen – und zwar immer, indem Sie widersprechen? Man kann sich ganz darauf verlassen." Diese Intervention öffnet den beiden die Augen und sie können sich dieses Spiel abgewöhnen.

Eine besondere Erwähnung verdienen die Konkurrenzprobleme auf der Führungsebene. Nicht selten gibt es noch ein „duales" Führungssystem, bei dem zwei gleichrangige Führungskräfte eine Organisation leiten – beispielsweise der kaufmännische und der technische Geschäftsführer. Diese Konstellation wird meist Doppelspitze genannt.

Aber die Doppelspitze ist stumpf: Der Hierarchie fehlt die eindeutige Spitze, sie ist abgeflacht und damit ein Kunstprodukt, wie es sonst in der Natur nicht vorkommt.

In dieser Konstellation ist die Willensbildung der Führung tatsächlich blockiert, wenn beide sich nicht einigen können. Das hat fast immer katastrophale Auswirkungen auf die Organisation.

Gewöhnlich geht man davon aus, diese Probleme seien zu vermeiden, indem jeder der beiden Geschäftsführer unterschiedliche Aufgabenfelder verantwortet. Aber die Arbeitsteilung zwischen kaufmännischem und technischem Geschäftsführer klappt nur selten ohne Verstrickungen. Zu viele Führungsfragen sind bereichsübergreifend. Wenn beide sich nicht einig sind, kann sich weiter unten in der Organisation jeder Mitarbeiter nach Belieben einen Standpunkt aussuchen. Die Folge sind Stellvertreterkriege. In der Zusammenarbeit geht es dann drunter und drüber.

Das Gleiche gilt für Matrixorganisationen. Tritt dort ein Führungskonflikt auf, dann wird die Matrix gewöhnlich außer Kraft gesetzt und durch eine informelle Hierarchie überlagert. Urtriebe brechen sich ihre Bahn: Der „Stärkere" setzt sich durch, die Sachfrage tritt in den Hintergrund, nimmt bisweilen sogar Schaden. Oder der „Schwächere" gibt sich – trotzig – nicht geschlagen und blockiert die Entscheidung. Denn mit der Einigung in der Sachfrage fiele unter diesen Umständen ja zugleich auch eine Entscheidung über die Rangfolge in der Hierarchie. Vor die Wahl gestellt, sich unterzuordnen oder zu blockieren, entscheidet er sich für die Blockade. Dies ist die schlimmste, und leider eine sehr häufige Variante.

> Im dualen Führungssystem, ebenso wie in einer Matrixorganisation, ist auf der Führungsebene unter allen Umständen substanzielle Einigkeit unverzichtbar. Sonst scheitert schon die Themensetzung, und gerade sie ist doch Ausdruck des Führungswillens.

Viel zu oft nehmen oberste Führungsgremien dieses Problem auf die leichte Schulter: „Wir haben das besprochen und es gab keine Gegenstimme." Der äußere Schein kann trügen. Wurde der Konflikt nicht wirklich ausgetragen und schwelt weiter, dann kann die Organisation keine Schlagkraft entfalten. Und das ernährt die Berater. Die Botschaft dieses Buches gilt auch in diesen Fällen: Raufen Sie sich zusammen und bilden Sie Konsens.

Die eigene Durchsetzungsfähigkeit entwickeln

Die Dauerredner einbremsen, die Stillen aktivieren, die Starrsinnigen auflockern, die Unwilligen gewinnen und das Kräftemessen zulassen, dabei die Sache, um die es geht, kompetent im Auge behalten: Wer das alles kann, verfügt über beachtliche Steuerungsfähigkeit. Die in diesem Kapitel gezeigten Praktiken mögen plausibel sein und einfach aussehen. Aber täuschen Sie sich nicht: Sie erfordern ein großes Maß an Gelassenheit, ein gutes Gespür für Situationen und sprachliches Geschick – und zwar ausgerechnet immer dann, wenn Ihnen gerade ein „schwieriger Mensch" ganz furchtbar auf die Nerven geht. Hier gilt es viel zu üben.

> Der geeignete Umgang mit problematischen Personen und heiklen Situationen entscheidet sehr oft über Erfolg oder Misserfolg in der Sache.

Darum sollten Sie sich dieser Aufgabe stellen. Die Anregungen dieses Kapitels sind aber sicher zu vielfältig, als dass Sie alles sofort in die Praxis umsetzen könnten.

© Der/die Autor(en), exklusiv lizenziert an Springer Fachmedien Wiesbaden GmbH, ein Teil von Springer Nature 2025
H. W. Becker, *Zum Konsens in fünf Schritten*,
https://doi.org/10.1007/978-3-658-49133-8_48

Deshalb empfehle ich Ihnen, Schritt für Schritt vorzugehen, und zwar so: Sie kennen doch Ihre Mitarbeiterinnen und Mitarbeiter und wissen, mit welchen Schwierigkeiten Sie rechnen müssen. Versuchen Sie nicht, beim nächsten Mal gleich alles richtig zu machen. Bereiten Sie sich stattdessen gezielt auf eine einzige Problemstellung vor, von der Sie schon im Voraus wissen, dass sie eintritt. Kreieren Sie dafür einen erfolgversprechenden Kunstgriff und probieren Sie ihn dann aus. Zur nächsten Teamsitzung verbessern Sie Ihre Intervention, bis Sie mit der Wirkung zufrieden sind. Erst dann nehmen Sie sich das nächste Problem vor und verfahren in gleicher Weise. So bohren Sie nach und nach auch die dicksten Bretter.

Wenn Sie das konsequent über eine Reihe von Monaten praktizieren, dann werden Sie zweifach gewinnen: Zum einen steigern Sie Ihre Steuerungsfähigkeit im Team und zum anderen heben Sie die Produktivität Ihrer Teamdiskussionen. Diesen Erfolg wünsche ich Ihnen.

Literatur

Becker, Heinz: Machtgewinn – Führungsstile als Verbindung von Person und Führungsaufgabe, in Hans Jürgen Wendel/Steffen Kluck (Hrsg.): Zur Legitimierbarkeit von Macht, Freiburg/München 2008

Becker, Heinz (Hrsg.): Zugang zu Menschen, Freiburg 2013

Becker, Heinz: Vitalisierung von Organisationen, in Robert Gugutzer/Charlotte Uzarewicz/Thomas Latka/Michael Uzarewicz (Hrsg.): Irritation und Improvisation, Freiburg 2018

Becker, Heinz: Vom Pferd fallen und wieder aufsteigen – Über die Verarbeitung von Krisen und Niederlagen, in Rostocker Phänomenologische Manuskripte, Heft 31, 2020

Becker, Heinz und Klaus Jäger: Teams müssen sich zusammenraufen, in: Harvard Business manager, Hamburg 1994

Canetti, Elias: Masse und Macht, Frankfurt 1980

Cohn, Ruth und Farau, Alfred: Gelebte Geschichte der Psychotherapie, Stuttgart 1984

Dörner, Dietrich: Die Logik des Misslingens, Reinbek 1992

El-Sadat, Anwar: Unterwegs zur Gerechtigkeit, Wien-München 1977

Goethe, Johann Wolfgang von: Maximen und Reflexionen, Ausgabe von Max Hecker, Weimar 1907

© Der/die Herausgeber bzw. der/die Autor(en), exklusiv lizenziert an Springer Fachmedien Wiesbaden GmbH, ein Teil von Springer Nature 2025
H. W. Becker, *Zum Konsens in fünf Schritten*,
https://doi.org/10.1007/978-3-658-49133-8

Habermas, Jürgen: Theorie des kommunikativen Handelns, Berlin 1981
Julmi, Christian: Atmosphären in Organisationen, Bochum 2015
Klages, Ludwig: Grundlegung der Wissenschaft vom Ausdruck, Bonn 2001
Kühl, Stefan: Wenn die Affen den Zoo regieren, Frankfurt 1994
Luhmann, Niklas: Der neue Chef, Berlin 2016
Maxwill, Peter: Die Reise zum Riss, Berlin 2019
Nadolny, Sten: Die Entdeckung der Langsamkeit, München 1997
Oetinger, Bolko von (u.a.): Clausewitz, Strategie Denken, München 2001
Reza, Yasmina: Kunst, Lengwil 1996
Rose, Reginald: Die zwölf Geschworenen, Stuttgart 1997
Schmitz, Hermann: Der unerschöpfliche Gegenstand, Bonn 1990
Schmitz, Hermann: Der Spielraum der Gegenwart, Bonn 1999
Schmitz, Hermann: Situationen und Konstellationen, Freiburg 2005
Schmitz, Hermann: Ausgrabungen zum wirklichen Leben, Freiburg 2016
Schulz-Hardt, Stefan: Realitätsflucht in Entscheidungsprozessen, Bern 1997
Soentgen, Jens: Die verdeckte Wirklichkeit, Bonn 1997
Taleb, Nassim Nicholas: Der schwarze Schwan, München 2010